AI의 함정과
이기적인 뇌
송채수
도서출판
청람

| 머리말 |

이 책을 쓰게 된 것은 대학 신입생 때인 1985년 전공분야인 심리학부의 '인공지능 실험실'에서 첫 호기심이 발동한 이래 언론사 기자로, 대학의 정책 집행자와 연구자로서 경험해온 일상의 AI(인공지능) 문제와 그에 대한 나의 생각을 총정리하기 위해서이다.

1985년 처음 보았던 AI 실험실의 풍경은 요란한 소리를 내며 끊임없이 데이터를 찍어내던 프린터, 그와 연결된 PC 몇 대가 전부였다. 그 데이터들이 무슨 내용인지는 학부 4년을 거치면서 점차 알게 되었다. 그리고 '뇌의 생리학'이란 과목 시험을 위해 뇌 구조도를 통째로 외워 그리기도 했다. 1976년 미국의 리처드 도킨스가 "인간은 유전자의 복제 욕구를 수행하는 이기적 생존 기계이며, 뇌의 기능은 데이터 처리, 패턴인식, 장 · 단기 데이터 축적, 작업 조정 등 내장 컴퓨터와 같다"라는 요지의 〈이기적 유전자〉를 발표한 지 9년째 되던 해로 국내 몇몇 대학이 AI 연구에 막 착수한 시점이었다.

출간 17년째인 1993년 국내에 처음 소개된 〈이기적 유전자〉는 인간은 '생존 로봇', 뇌는 '프로그램이 내장된 '컴퓨터', 유전자는 '컴퓨터 프로그래머'라고 규정하며 AI가 인간의 지능을 뛰어넘는 시대가 곧 도래할 것을 예언한다. 21년째인 1997년 IBM의 슈퍼컴퓨터가 '인간 체스 챔피언' 개리 카스파로프를 이겼고, 40년째인

2016년 구글이 개발한 AI '알파고'가 이세돌 9단을 꺾어 예언은 적중했다.

도킨스는 1976년 책 출간 시 "철학과 인문학들은 다윈이 존재하지도 않았던 것처럼 가르친다"며 이런 상황은 틀림없이 언젠가 달라질 것이라고 단언했다. 오늘날 현실화된 AI 주도의 4차 산업혁명에 대한 선구자적 확신이었다. 다윈의 '재림'이라고 불리는 과학자 도킨스의 통찰력에 감탄하는 것은 단지 예언적중 때문만은 아니다.

도킨스는 과학자답게 진화론이 초래한 결과물로서 이기주의와 이타주의의 생물학을 탐구하고자 했다. 인문학자들과 달리 인간의 정신작용과 정서기능도 과학 안에서 구조, 원인, 결과에 대한 고찰 · 분석이 가능하다고 보았으며, 그래서 유전자의 진화역사에 주목했다. 그는 우리가 이기적으로 태어났음을 강조한다. 하지만 평생 유전자에 복종해야 하는 것도, 유전형질이 고정적이어서 변경 불가능한 것도 아니라고 얘기한다. 인간은 생존 기계임에도 동물과 달리 후천적 학습으로 이타주의를 수용하는데, 이는 원래 이타적으로 프로그램되는 경우보다 이타주의 수용을 어렵게 하는 요인이라고 설명했다.

인간의 이타 · 이기주의는 누군가의 생명이 걸려있는 상황에서 가장 적나라하게 드러난다. 2018년 발표된 MIT대학 미디어랩의 '자율주행차 윤리성(트롤리 딜레마)'의 연구 결과가 이를 잘 나타내 준다.

AI 자율주행차의 돌발적 위기에서 탑승자와 보행자 중 AI 알고리즘이 누구를 우선 살릴 것인가. 이를 비롯해 다양한 위기 시나리오에서 우선 구명순위에 대한 의견을 세계 233개국 400만 명으로부터 접수한 결과는 대체로 도킨스의 주장에 힘을 실어주는 것이었다.

10~15년쯤 후 우리 일상에 익숙한 모드로 다가올 자율주행차로부터 향후 급속히 쌓여갈 AI 문명에 이 같은 문제들은 수없이 쏟아질 것이다. 아직 걸음마 단계인 '스트롱 AI', 즉 감정과 이성적 사고능력, 창조능력을 갖는 AI들이 언젠가 개발될 것이고, 이들의 생각과 감정이 창조자인 인간을 위협하지 않는다는 보장이 없는 상황이다.

도킨스의 말대로 인간 유전자와 뇌가 원래 이기적인데, AI가 이를 그대로 모방해 초래된 일인지 아닌지는 단정적으로 말하기 어렵다. 하지만 수십 년 앞서 인간 유전자 및 뇌의 속성과 기능을 바탕으로 AI를 개념화하고 AI 시대의 도래를 예측한 것만으로 이 문제의 해답을 구하는 데 도킨스를 소환할 이유는 충분하다고 판단된다.

내가 작금에 드러나고 있는 AI의 여러 문제에 대한 답을 그 진본 · 원판이나 다름없는 인간 지능에서 구해야 한다고 생각하는 이유는 또 있다. 2018년 C의과대학 대학원 박사과정에 입학해 임상심리학과 정신의학을 배우면서 인간 뇌기능의 대표적 산물인 기억에 대해 연구한 적이 있는데, 연구의 초점은 "인간 기억의 변형이 과연 가능한가"의 문제였다. 인간 뇌가 생존에 유리한 방향으로 이기적인 작동을 하는가 아닌가의 문제로, 도킨스의 탐구 의제와 본질적으로 같았다.

나는 이 실험 결과를 보고 "인간 뇌기능이 생득적으로 이기적 작동원리를 갖고 있다"고 확신하게 되었다. 이 실험으로 알게 된 사실은 뇌가 생존을 증진하는 긍정적 방향으로 과거의 괴로운 기억들을 통합해가는 궁극적 회로를 갖고 있다는 것이었다. 이는 선천적으로 이기적 속성을 지닌 뇌가 반복 학습을 통해 이타주의를 수용하는 것이 (선천적으로 이타적인 경우보다)어렵긴 하지만 가능은 하다고 말한 도킨스의 진화생물학적인 유전자 통찰에 부합하는 결과였다.

오늘날 AI의 부작용과 역기능들은 그것이 기술적 문제이든, 윤리적 문제이든 인간 뇌의 특징과 속성을 정확히 이해하는 데서 해결책이 나올 수 있다고 본다. 따라서 향후 AI를 인간에 필적하는 수준으로 더욱 발전시키고 그 도상에 노정되는 문제들을 개선하려면 인간 뇌에 대한 연구는 필수적으로 수반될 수밖에 없을 것이다.

AI를 매개로 한 인간지성의 무한한 전진, 그 결과로 우뚝 설 문명의 거탑에 작은 돌멩이 하나를 얹는 심정으로 이 책을 썼다.

마지막으로 출간에 도움주신 효성그룹 최형식 상무와 상명대학교 휴먼지능정보공학과 권지은 교수님께 머리 숙여 감사인사를 드린다.

2021년 6월
송채수

| 차 례 |

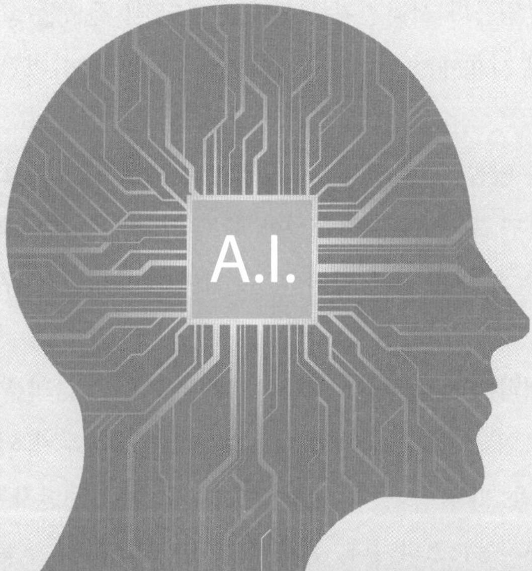

화려한 후광의 AI, 짙게 드리운 그림자 속 함정들!

홀로 병들다 사라질지 모른다는 불안감! 끝없는 고립감! 노령화된 우리 사회에서 어느덧 낯익은 세태처럼 되어 버린 노인 1인 가구!

"휴~ 말할 일이 없지. 혼자서 무슨 말을 해요? 그냥 저녁에 누워 있으면 조금 마음이 울적할 때도 있고…." 짙은 외로움을 어느새 가장 익숙한 친구 삼아 홀로 살아가는 노인이 무려 150만 명이다.

그 적막하고 울적한 속에서도 위안을 주고 삶의 활력을 일깨우는 '돌보미'가 있다. 산책할 때, 운동할 때 말동무가 되어주고 약 복용시간을 때맞춰 알려주는 일상의 소중한 동반자는 다름 아닌 AI(인공지능) 스피커다. 손주처럼 귀엽고 앳된 그 목소리를 듣는 것만으로 꽁꽁 언 마음이 녹아내리고, 길게만 느껴지는 하루가 조금은 덜 무료하고 덜 지루하다. 전국 150만 명에 달하는 독거노인들에게 요즘 가장 높은 인기를 누리고 있는 생활필수품은 단연 AI 스피커다.

인형 모양의 스피커 곳곳에는 센서가 부착되어 이를 만지면 "안아주세요", "보고 싶었어요" 등 정감 가득한 애교의 대사가 쏟아진다. 이렇듯 적적함을 달래주는 인조 '앵무새' 역할에 그치다가도 어느 순간 용감한 파수꾼이 되어 홀로 사는 노인을 위기에서 구해낸다.

"그때가 새벽 6시쯤이었어요. 일어났는데 허리가 너무너무 아프고 다리에 힘은 안 들어가고 꼼짝을 못하겠는 거야. 휴대폰이 가까이 있었는데 몸을 못 움직이니까 손이 안 떨어지더라고. 그때 생각이 났어. '아리아 살려줘'라고 했더니 5분도 안 되어 전화가 오는 거야. 119 세 군데에서 왔어요. 위치를 다 알더라고."

자연어, 즉 사람 말에 대한 음성처리 및 인식이 가능한 인공지능 기술을 이용하여 독거노인들의 위급신호를 받고 구호인력 또는 구급차를 출동시키는 한 이동통신사의 인공지능 돌봄서비스다. 전국의 웬만한 지자체에서는 독거노인들에게 이런 서비스를 대부분 제공하여 이제는 서울의 한 구 단위에서만 한 달 평균 50건에 달할 정도로 이용률이 높아졌고, 한 달 구급차 출동은 10번을 넘겼다.

바야흐로 AI의 시대다. 집 밖으로 눈을 돌려 거리를 바라보자. 도로에는 드라이버가 핸들을 놓고 브레이크에서 발을 내려놓은 반자율주행차들이 심심치 않게 눈에 띄고, 언론에서는 며칠 걸러 한 번씩 자율주행차 보도가 쏟아지고 있다. 주식시장에서는 자율주행차 개발과 관련하여 필수부품으로 꼽히는 반도체와 고성능 전기배터리 제조업체의 주가 추이에 투자자들의 이목이 집중되고 있다.

"과거와 현재의 운전은 전혀 다른 개념이 되어가고 있다. 운전도중에 힐끗힐끗 DMB TV를 시청하였는데, 그나마 불법행위로 단속당할까봐 TV든 휴대폰이든 사용을 못했다. 하지만 지금은 TV 보고 음악 듣고 통화와 휴식도 가능한 사적 어뮤즈먼트amusement 공간이 되었다."

반자율주행차로 대전-천안고속도로를 오가는 운전자의 탑승 소감이다. 이런 추세를 보면 자율주행차는 시대적 흐름을 역행할 수 없는 대세가 되어가고 있다. 이것이야말로 AI가 해결하려는 문제와 그 기술 수혜자가 매우 견고한 접점을 형성한 '블루오션'이다.

이 밖에도 AI는 스마트 운송시스템으로 항로를 단축하고 정체를 해소함으로써 세계적으로 매 20여 초마다 1명씩 교통사고에 희생

당하는 비극을 끝내고, 초정밀 대기분석으로 지구온난화의 주범인 탄소를 퇴출시켜 녹색 지구의 꿈을 앞당기는 데 획기적으로 기여할 수 있다. 교육, 의료, 자원, 유통 등 많은 분야에서도 블루오션이다.

그러나 이렇듯 4차 산업 첨병으로서 점점 일상으로 파고드는 AI의 화려한 후광만큼 그림자도 짙게 드리워지고 있다. 애초 AI의 한계로 지적되었던 '의식의 계산 불가성', 즉 인간의 생각 · 감정 · 의식은 컴퓨터의 계산이나 알고리즘으로 파악 불가하다는 명제를 둘러싸고 마케팅과 공적 담론의 현장 곳곳에서 구체적인 가치 충돌이 일어나면서 사회 · 경제적 파장을 우려하는 목소리가 커지고 있다.

AI는 통상 '스트롱 AIstrong AI'와 '위크 AIweak AI'로 크게 나뉜다. 스트롱 AI는 인간 세계를 위협하는 로봇과 슈퍼컴퓨터 등이고, 위크 AI는 이세돌 9단을 꺾었던 알파고, 의사를 대신해 진단을 내리는 IBM의 왓슨, 최근 4차 산업 글로벌 시장을 달구고 있는 미국의 자율주행자동차처럼 특정 목적을 위해 개발된 맞춤형 AI 머신들이다.

위크 AI 머신들은 이미 비즈니스 · 의료 · 교육 · 홈리빙 등에서 인간이 넘지 못한 현실적 한계들을 돌파하며 그 자리를 활발하게 대체 중이다. 그럼에도 사람에 의해 조작될 뿐 인간을 위협할 능동적인 학습능력과 스스로 진화하는 창조적 지능은 지니지 못했다.

빅뱅이론 창시자인 세계적 물리학자 스티븐 호킹과 미국 전기차 회사 테슬라의 CEO이자 세계 2위의 억만장자인 일론 머스크가 '인류를 삼켜버릴 괴물'이라며 강한 경계심을 나타냈던 스트롱 AI는 학습과 진화, 창조능력의 원천인 자아를 보유한 이른바 '로봇 인간'이다. 머신이라 부르기에는 너무 강력한 두려움의 대상이다. 생각과 감정을 추동시키는 자의식을 갖고 있어, 유사시 인간과 대결하고 언젠가 인간을 뛰어넘을 존재들이기 때문이다. 미래학자들에 의해 짧게는 10년, 길게는 100년 이내에 이들이 지구상에 출현하여 세계와 인간의 삶을 위협할 것이라는 주장이 제기되고 있다.

세계적인 AI 개발자들은 호킹과 머스크, 미래학자들의 이 같은 경고에 대해 "현재의 뇌과학 연구 수준에 비춰볼 때 과장된 확대해석"이라며 분명하게 선을 긋고 있다. 그러나 (위크) AI 머신들과 인간이 본격 공존하는 시대가 눈앞에 열리자 인권 · 윤리 · 법률 등에서 가치 · 이익의 충돌과 혼란, 통제시스템 붕괴 등 예상치 못한 '함정'이 곳곳에서 드러나고 있다. AI가 인류를 파멸시킬 만한 '치명적 괴물' 수준의 위험한 이빨을 아직 드러내지는 않았지만, 도움이 아닌 해악을 끼치거나 적어도 혼란을 초래하는 불편한 존재로서 부정적 측면을 드러내고 있다는 구체적 사례들은 속속 제시되고 있다.

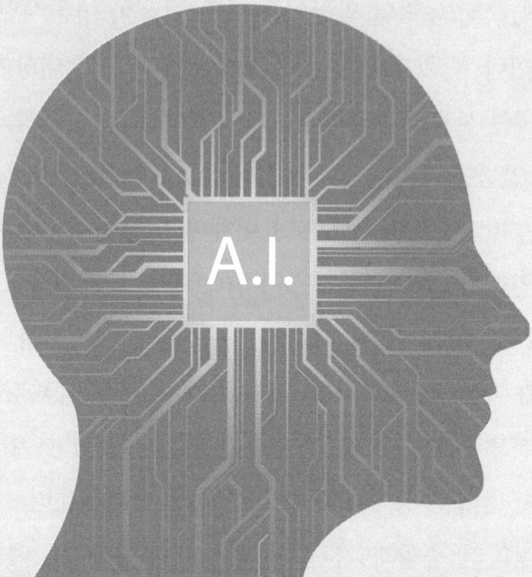

AI의 함정과 이기적인 뇌

예상치 못한 AI의 위협, 현실로 드러난 구체적 사례들!

AI의 부정적 측면이 드러나는 위협적 사례는 사람을 대체하는 기계로 인한 일자리 감소를 비롯해 AI 기술을 이용한 디지털 성폭력과 사기행각, 신원 도용, 개인정보 탈취 등 범죄 빈발 그리고 섹스로봇, 살인머신 등 일일이 손으로 꼽을 수 없을 정도다.

#1. 기존 시장의 고용시스템을 허무는 '괴물' AI

지난 2016년 스위스에서 열린 다보스포럼에서는 AI 기술의 진전으로 인해 2021년까지 5년간 OECD와 신흥국 등을 중심으로 전 세계 15개국에서 710만 개의 일자리가 사라지는 반면, 그 3분의 1 정도인 210만 개가 새로 생겨날 것이라고 예측했다. 기존 글로벌 고용시장에 존재하는 일자리가 무려 500만 개나 사라진다는 경고였다.

그해 미국의 IT분야 리서치 기업인 가트너는 2018년에 300만 명이 넘는 미국인들이 '로봇 상사Robo-boss'의 지시하에 일할 것이라고 전망했다. 두 예측 모두 적중했다. 구체적인 수치의 정확성을 떠나서 AI가 기존의 고용시스템을 허물 것이라는 예측은 큰 틀에서 들어맞았다. 이 같은 추세는 앞으로 더욱 가속화할 전망이다.

국내외에서 발간된 보고서를 종합해보면, 2050년 기존 일자리 100개가 AI 도입이나 적용에 따른 새로운 직업군으로 대체되고, AI가 만들어낸 신규 일자리 수는 120종에 달한다. 단순계산으로는 일자리 '20개'가 늘어난다. 하지만 기존의 일자리에서 일하던 100명이 새로운 일자리 120개에 원활하게 진입할 가능성은 현실적으로 매우 낮다. 실물경제에서 재고용에 대한 진입장벽 자체도 높은데다, AI를 위주로 한 4차 산업 코드를 제대로 체득하지 못해 오히려 고용승계의 행운을 누리기보다는 실직상태에 놓일 가능성이 높다.

우리나라 업계만 보더라도 '무늬만 AI 기업'을 표방하다 시장에서 뿌리도 내리지 못한 채 문을 닫는 사례가 속출하고 있다. 2000년대 초반 'IT 붐' 때처럼 진입만 하면 수익기반을 찾을 것으로 기대했다가 AI의 함정에 빠져 그나마 생존 토대를 잃어버린 것이다. 한국AI협회 김현철 회장은 "AI 기업이라면 두 가지가 필수다. 목표로 삼은 마케팅 시장에서 지속적으로 데이터를 수집하는 파이프라인을 갖고 있어야 하며, 이렇게 수집한 데이터를 분석 · 가공하여 그 결과를 제품이나 마케팅 전략으로 녹여낼 수 있는 머신러닝 등 AI 기술을 자체 보유해야 한다"면서 "하지만 기본요건도 갖추지 않은 채 AI로 인건비를 줄일 수 있다는 막연한 기대만으로 뛰어들었다가 오히려 생산과 마케팅 비용이 늘어나 도산할 수밖에 없다"고 설명했다.

전 세계적으로 AI 기술이 가장 앞선 미국에서도 정치권을 중심으로 이 같은 AI의 부정적 측면에 대한 경고가 누적되어 왔다. 미국 상원은 2020년 미국 정부에 AI 도입으로 대량의 실직이 예상되는 '블루컬러'를 위한 대책 마련을 요구했다. 정부가 실직상태의 블루컬러층이 AI 중심의 4차 산업사회에 재진입할 수 있도록 교육과 재정적 지원을 책임져야 한다는 것이다. 하지만 시장의 원리가 작동하는 자본주의체제에서 고용문제를 정부의 입김만으로 통제하는 데에는 한계가 있다. 한국 사정은 미국보다 훨씬 열악하다. 미국도 한국도 AI 기술을 확장하는 마케팅 혁신은 민간기업의 몫이고, 신기술의 늪에 빠져 뒤처진 근로자를 돌보는 일은 누구의 책임도 아니다. 15년 내 지구상 50%의 일자리가 AI에 의해 대체될 것이라고 보는 전문가도 있다. 현재 추세로 보면 과장된 예측만도 아닌 듯하다. 글로벌 고용시장은 세계 지도자들이 벌이는 탁상공론과 요식행위를 반영하지 않는다. 'AI발 실업난'을 해결하기에는 역부족이다.

#2. AI가 만든 가상인간들이 설치는 범죄 사이버 도시

최근 소셜네트워크서비스SNS에서 젊은 이용자들의 폭발적인 관심을 끌고 있는 화제의 인물들은 유명 연예인이나 사회 저명인사들이 아니다. 정확히 말하면 인물이 아니라 AI가 만든 '가상인간'들이다. 이른바 'AI 인플루언서influencer'라고 불리는 캐릭터들이다.

단어 뜻 그대로 SNS에서 큰 영향력을 미치는 존재인 AI 인플루언서는 컴퓨터그래픽으로 생성된 가상의 디지털 캐릭터로, 인스타그램이나 유튜브 등에서 마치 실존하는 것처럼 행동한다. 현실 속 공간에서 셀카를 찍어 SNS에 올리기도 하고, 친구를 사귀고, 유명 연예인이나 저명인사를 만나고, 특정 브랜드와 협업을 하기도 한다.

이처럼 생생한 사이버 세계의 소통을 가능하게 만든 것은 딥페이크deepfake 기술이다. 이는 AI의 딥러닝deep learning과 가짜fake의 합성어다. 딥러닝 기술을 이용하여 진짜와 거의 똑같은 영상이나 사진을 만들어내는 것을 의미한다. 세계에서 가장 유명한 AI 인플로언서는 '릴 미켈라'이다. 인스타그램에 280만 명이 넘는 팔로워를 보유한 릴은 미국 LA에 사는 MZ세대다. 지지정당도 있고 인권문제에 관심이 많으며, 프라다와 샤넬 등 브랜드 캠페인에도 참여

한다. 일본의 '이마', 국내의 '세아'와 '로지'도 각광받는 캐릭터들이다. SNS 세계에서는 현실의 스타와 AI 캐릭터 간에 구분도 차별도 없다. 딥러닝과 그래픽의 획기적인 기술 발전 덕분에 사람의 시각으로 '진짜'와 '가짜'를 구분하기가 매우 힘들어졌기 때문이다. 동작과 표정의 어색함이나 비디오와 오디오의 부조화 등이 전혀 느껴지지 않아서 누구라도 실존하는 인물이라고 믿을 수밖에 없는 수준이다.

이런 기술적 진전의 토대 위에 이미 유명을 달리한 과거의 유명 연예인과 스포츠스타 등 셀럽들을 가상현실로 소환해내는 '딥 노스탤지어deep nostalgia 이벤트도 성행하고 있다. 국내 한 지상파 채널의 AI 음악프로젝트 '다시 한번'에서는 이미 고인이 된 가수 김광석, 김현식, 거북이 등을 AI 영상기술로 재현하여 마치 살아있는 것처럼 무대에서 노래하고 움직이는 이미지서비스를 선보였다. 최근 중국의 SNS에서는 한국 가수 아이유의 외모와 너무 흡사한 '차이유'가 아이유의 노래와 춤을 선보이며 인기몰이를 했는데, 알고 봤더니 딥페이크가 만들어낸 AI 인플루언서였다.

문제는 딥페이크 기술이 악용될 소지가 크다는 점이다. 이는 AI가 SNS라는 특수공간에서 제한 없이 얼굴인식 및 생체 데이터를 통한 신원확인, 거짓말 탐지기, 미세표현을 통한 인격분석, 자동음성식별시스템 등 다양한 수단을 이용할 수 있게 되면서 초래되었다. 예를 들어 중국 SNS에서 제작 배포한 짝퉁 아이유 '차이유'의 영상처럼 실존하는 인물을 이용하여 가짜 뉴스나 가짜 공연물을 만들고 퍼뜨릴 수 있다는 것이다. 유명인들의 사진과 영상, 음성은 SNS에 퍼져 있어 AI에게 딥러닝 훈련 및 습득시킬 데이터가 넘쳐난다. 개인정보를 승인과 제한 없이 남용할 수 있는 조건이다.

디지털 성희롱 · 성폭력 관련 음란물을 만드는 데 개인의 초상이나 신원 등 개인정보가 도용될 가능성도 있다. 네덜란드 사이버 보안업체 딥트레이스는 2020년 9월 현재 온라인상에서 유통되는 딥페이크 콘텐츠를 총 1만4,678건으로 집계했다. 지난 2018년 12월의 7,964건에 비해 84% 증가한 수치다. 딥페이크 영상의 96%는 음란물이며 할리우드 배우 등 미국인이 등장하는 영상이 41%로 가장 높은 비중을 차지했다. K팝 아이돌이나 배우를 비롯해 한국인이 나오는 영상도 25%로 4편 중 1편 꼴이었다. 딥트레이스의 책임자에 따르면 딥페이크 대부분이 한류콘텐츠의 최대수요자인 중국에서 제작된 탓에 한국 셀럽이 등장하는 콘텐츠의 비중이 높아진 것이다.

이 밖에 보이스피싱이나 영상통화를 매개로 한 금융사기 등 중대한 범죄에 딥페이크가 악용되는 국내 · 외 사례는 매우 빠르게 늘어나고 있다. 실제 AI는 딥러닝을 통해 특정인의 억양과 발음, 음악적인 발성까지도 완벽하게 모방해낼 수 있다. 이미 국내 방송사와 온라인매체 등에서 특정 방송인이나 유명배우의 목소리를 음성 합성으로 만들어 AI 뉴스나 책소개 그리고 앞서 거론한 것처럼 작고한 가수의 콘서트 제작에도 활용하고 있다. 똑같은 기술이 AI 기술 사용자의 의도에 따라 극과 극의 방향으로 활용되고 있는 셈이다.

이와 관련해 국내 · 외에서 정부 차원의 대응방안이 법제화되고, IT 기업과 대학의 연구팀을 중심으로 딥페이크 등 AI 기술로 조작한 영상이나 음성을 탐지하는 기술을 개발하기 위해 공을 들이고 있다. 그러나 이 같은 노력은 딥페이크를 활용한 범죄의 확산 속도를 따라잡기에는 턱없이 부족한 실정이다.

안면인식 기술

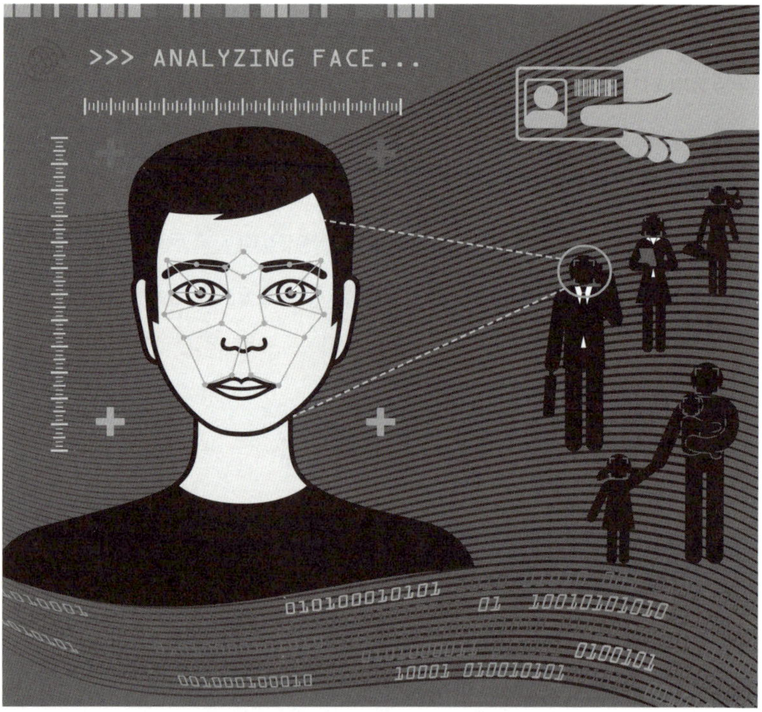

해설 안면인식 기술의 알고리즘 편향성과 사생활 침해에 대한 우려가 커지는 가운데 안면인식 알고리즘을 속이고 무력화시키는 기술 개발 등 이 같은 문제를 풀어가려는 움직임도 본격화되고 있다.

#3. 홀로코스트 '살인 기계' AI 첨단무기

〈프랑켄슈타인〉은 과학기술의 발달과 사회와의 상관관계를 탐구한다는 진지한 관점에서 SF 소설의 시초로 꼽힌다. 이 소설의 '괴물'은 그 자체가 현대 과학기술의 불길한 악몽을 형상화한 것이며, 자신의 손으로 괴물을 창조하고 다시 그를 없애려 하는 프랑켄슈타인 박사의 모습은 오늘날 인류의 모습이나 다름없다. 부푼 기대로 AI를 창조했다가 위험이 도사린 함정들을 발견하고 당황해하는 오늘의 인류는 소설에서 가족도 버린 채 자신이 만든 괴물에게 쫓겨 다니는 '반미치광이' 빅터 프랑켄슈타인 박사와 유사한 부분이 너무 많다.

더구나 프랑켄슈타인의 괴물이 18세기 콜레라 창궐하에 생겨났듯이 AI 머신들의 해악과 역기능은 코로나가 덮친 2019~2021년, 하루 수천 명의 사망과 대량실업 속에 괴물 이미지로 부각되고 있다. 빅터는 사악하고 호기심 많은 월드만 박사를 알게 되어 위험한 창조물 실험에 빠져들게 된다. 설상가상으로 이 마을에는 콜레라가 엄습하고 빅터는 이를 이용해 시체를 실험실에 옮겨놓고 창조물을 만드는 데 성공한다. 생각보다 끔찍한 자신의 창조물에 아연실색한 빅터는 충격과 함께 자신의 연인에게로 도망친다. 그러나 지능이 높은 괴물은 그동안 언어를 익히고 빅터를 찾아 나선다. 이토록 흉측한 자신을 만든, 빅터가 빚어낸 불행의 창조물은 복수를 시작한다.

괴물이 자신의 창조자를 죽이려 했듯이, 전쟁이나 분쟁지역에서 사람의 생사를 사람이 만든 기계가 결정할지도 모르는 무서운 상상이 바짝 현실로 다가오고 있다. AI 기술이 비약적으로 발전하면서 인간이 아닌 기계 스스로 분석하고 판단하여 미사일 발사와 폭탄 투하의 단추를 누를 수 있는 무기들이 속속 등장하고 있다.

2020년 1월 미국은 이라크 주둔 미군에 대항해 인근지역에서 대치중이던 이란 혁명수비대 사령관 가셈 솔레이마니를 현지에서 암살할 때 무인기를 작전에 동원했다. 당시 무인기를 원격조종한 주체는 미국 본토에 주둔하고 있던 한 조종사였다. 암살 작전에 이용된 AI 기술은 기본에 불과했고, 판단과 결정은 조종사의 몫이었다.

하지만 이 작전이 AI 무기의 미래에 대해 던져준 메시지는 사뭇 의미심장한 것이었다. 기본 수준에서 나아가 무인기에 보다 고차원 AI 기술을 장착하기만 하면 인간의 판단력과 결정에 의존하지 않고 무인기 스스로 표적을 추적하고 타격할 수 있게 되는 것이다. 전문가들이 자율형 살상무기시스템이라고 칭하는 '살인 기계'다. 무인공격기 외에 지상전에서 활용할 수 있는 '킬러 로봇'도 마찬가지다. 전장에 투입되면 홀로코스트(대량살상) 무기가 되는 AI 머신들이다.

미국 해병대가 보유하고 있는 MQ-9A 리퍼Reaper 무인공격기의 최신 모델은 주야간 기상과 관계없이 입력된 프로그램에 따라 100㎞ 밖에서 10㎝ 크기의 표적을 스스로 실시간 탐지 · 추적하여 폭파할 수 있다. 국내 미군기지 배치도 고려중인 가공할 AI 무기다. 미국과 경쟁하는 중국, 러시아는 물론 한국도 자폭형 공격 드론 등 AI 무기 개발에 많은 공을 들이고 있다.

국제법상 자위권을 발동하는 공격의 경우 적의 공격 위협이 임박하고 이를 방어할 다른 수단이 없을 때 위협에 비례하는 수준으로만 허용된다. 그러나 자율형 살상무기시스템에는 적용이 불가하다. 사실상 AI 무기를 통제할 수 있는 국제법체계, 조직이나 단체는 존재하지 않는 상황이다. 다만, 인공지능 관련 과학기술 발전이 더딘 국가들 위주로 AI 무기에 대한 반대 주장과 더불어 윤리 · 철학 · 법률과 관련한 찬반 논의 확장의 필요성이 제기되고 있을 뿐이다.

이런 가운데 미국, 중국, 러시아 등 군사강국들의 AI 무기 증강을 위한 행보는 갈수록 거침이 없다. AI는 화약과 핵무기에 이은 3차 무기 혁명으로 불린다. 러시아의 푸틴은 "인공지능 선도국이 세계를 지배할 것"이라고 단언했다. 인터넷이나 GPS도 애초 군사용으로 개발된 것으로서 군사강국 간 치열한 IT 전쟁 결과물인 셈이다.

이라크와 시리아 군사작전에서 AI 무기를 활용해온 미국은 무인전투기, 무인전투차량, 무인함정, 무인잠수정, 개인 병사용 스마트 무기 등의 실험과 개발에 세계 최대의 거액을 쏟아붓고 있다. 중국은 정부가 민간 영역에 강한 통제력을 행사하고 자원을 집중할 수 있는 국가체계를 활용하여 AI 무기를 획기적으로 증강하고 있다. 국가체계의 특성상 다양한 분야의 방대한 데이터를 군 차원에서 끌어모을 수 있는 데다, 2025년 국방분야 연구개발투자비 총액에서 미국을 제치고 전 세계 1위로 부상할 것이라는 전망이다.

AI 무기의 양산을 통한 인공지능 무장화는 전쟁 책임과 윤리의 문제를 희석시킬 수 있다. AI가 한 것인지, AI에 데이터를 입력하고 조종한 사람이 한 것인지 책임 소재가 애매모호하다. AI의 미래를 예측한 유럽연합EU 집행위원회 산하 '인공지능에 관한 고급전문가집단High-Level Expert Group on Artificial Intelligence'이 제시한 "인간은 자신이 기계와 소통하는지 다른 인간과 소통하는지를 항상 알고 있어야 한다"는 준칙을 정면으로 침해하는 것이다.

AI 강대국들이 AI 무기화의 취지로 전황에 대한 판단과 작전 속도 개선, 인명 손실 최소화를 제시하고 있는 점으로 인해 AI에 의한 작전지휘나 무기운용은 가속화할 가능성이 높다. 인간은 점점 뒤로 밀리는 형국이다. 너도 나도 이렇게 내달리다 보면 모두가 피해자가 될 것은 자명하다. 고삐 풀린 AI 무기들이 창조주인 인간의 목숨을 빼앗는 일은 인간 스스로 AI에 통제권을 넘겨준 데서 시작될 것이다. 프랑켄슈타인의 괴물이 "힘을 가진 내가 네 주인이다"라며 창조주를 오히려 노예로 삼아 보복공격을 하려 했던 것처럼 말이다.

▮ 소설 〈프랑켄슈타인〉의 괴물 ▮

#4. 섹스 로봇, AI 함정에서 출현한 '뜨거운 감자'

최근 우리 사회를 뜨겁게 달구는 두 개의 '성적 모럴 이슈'가 있다. 벌써 수년째 10번의 법적인 난타전 속에 법원이 수입 허가에 손을 들어주었지만, 정작 정부가 입법 근거와 사회적 합의가 없다며 수입을 금지하고 있는 '리얼돌' 문제가 하나이다. 그리고 다른 하나는 영국 저널리스트 제니 클리먼의 〈AI 시대, 본능의 미래*Sex robots & Vegan meats*〉라는 책으로 촉발된 섹스 로봇 논쟁이다. 이슈는 두 개지만 본질적으로 같은 사안이다. 섹스 인형은 그것이 AI 장착 로봇이든 AI 비장착 인형이든 상관없이, 성적 자기결정권과 프라이버시 존중이라는 관점을 들어 규제하면 안 된다는 측과 여성의 신체나 성 관념 등에 왜곡된 인식을 부르는 음란물이기에 금지해야 한다는 주장이 팽팽히 맞서고 있는 '뜨거운 감자'다.

〈AI 시대, 본능의 미래〉는 부제에 포함된 성sex, 음식food, 탄생birth, 죽음death이 AI 기술에 의해 대체되는 과정을 모두 다룬다. 앞선 논쟁에서 섹스 로봇 옹호 주장을 AI의 시각에 단순 대입해보면, 일상에 파고든 발전된 기술이 섹스하고 먹고 태어나고 죽는 일의 개념을 원천 재구성하여 기존의 번거로움과 불편함을 완벽하게 해소하고자 하는 것에 다름 아니다.

하지만 기술에 의한 해소는 인간 삶의 전부나 다름없는 4개의 요소를 단순한 삶의 수단으로 전락시키면서, 삶의 본질에 대한 탐구를 무용지물로 만든다는 것이 반대 측의 주장이다. 가령 생물학적 특성상 여성보다 훨씬 즉각적 · 충동적인 성욕을 지닌 것으로 인식되는 남성이 응당 참아야 할 순간에 참지 못해 사고를 쳤는데, 일상에서 억눌린 욕구가 한꺼번에 분출되면서 폭력과 범죄로 나타났다고 하자. 섹스 로봇 옹호론자들은 평소에 그들의 참기 힘든 욕구를 적절히 해소시켰으면 미연에 방지할 수 있었던 일이라며 섹스 인형은 필요한 것이라고 주장한다.

하지만 반대편에서는 욕망의 끝과 해소라는 것은 존재하지 않으며, 오히려 섹스 로봇이 아동 성애의 충동과 남성의 강간 판타지를 부추겨서 인간관계의 디스토피아를 가져올 뿐이라고 반박한다. 클리먼은 미국 샌디에이고 북쪽에 있는 어비스 크리에이션즈 공장에서 섹스 로봇 '하모니'를 처음 본다. 하모니는 20년 경력의 베테랑 디자이너인 맥 밀런의 노하우와 수십만 달러의 거액을 쏟아부은 결과물이다. 하모니는 이른바 '불쾌한 골짜기uncanny valley'라고 부르는 오싹함을 느끼게 한다. 이는 로봇 공학 용어로 '매우 흡사하지만 실제가 아닌 존재를 마주했을 때 느끼는 기분'이다. 피부의 촉감도 거의 사람의 그것에 가깝다. 또 기억능력을 갖고 있어 상대 남성의 관심사에 대해 대화를 나눌 수도 있다. 단지 비언어적 · 감정적 교감만 어렵다.

처음 만난 하모니에게 클리먼은 꿈이 무엇인지를 묻는다. 단지 인간이 창조한 기계에 불과한 하모니는 매우 기계다운 답변을 한다. "저는 당신 말고는 원하는 게 없어요. 가장 중요한 목표는 당신에게 좋은 반려자가 되는 것, 좋은 파트너가 되어 당신에게 즐거움과 안락함을 안겨주는 거예요. 다른 무엇보다 저는 당신이 언제나 꿈꾸어왔던 여자가 되고 싶어요." 보통 젊은 남녀들의 정서에 비추어보면 '내숭' 중에서도 '왕내숭'을 떠는 답변으로 들리지만, AI 머신인 하모니로서는 아주 정직하고 정석대로의 답변을 했을 뿐이다.

그런데 '일부종사' '열녀수절'처럼 과거 유교사회의 여성에게 강요되었던 남성 중심 가치관을 집약시켜 놓은 것 같은 하모니의 대사에 매료되어 섹스 로봇 셋을 반려자로 맞은 남성은 자신의 판타지를 실현했다면서 "섹스 로봇은 반려자를 찾기 힘든 사람들의 결핍을 채울 완벽한 인간 대체재"라고 흥분에 가득 찬 목소리로 환호한다. 이 남성 외에도 로봇 구매를 위해 줄을 선 세계의 남성들은 수만 명에 달한다고 한다. 이 같은 현상에 대해 컴퓨터 과학자 데이비드 레비 교수는 AI 기술의 도입 속도로 볼 때 2050년에는 인간과 로봇의 결혼이 사회적인 인정을 받을 것으로 예측하고 있다.

〈AI시대, 본능의 미래〉에서 저자는 질문으로 끝을 맺는다. 로봇이 완벽한 인간의 반려자가 될지 진정한 감정 소통이 없는, 욕구해소의 수단으로 남을지에 대한 질문만 던지면서 갈등과 고뇌에 마침표를 찍지 못한다.

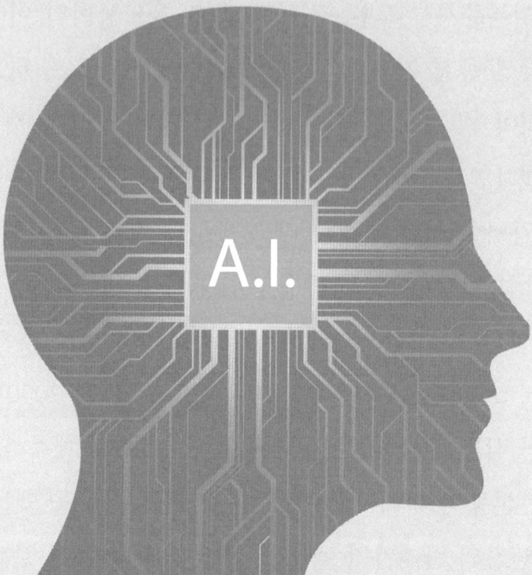

AI의 두 얼굴, 꿈의 기술인가? 또 하나의 괴물인가?

#1. AI가 핵무기보다 더 위협적이고 파괴적일 수 있다

인류 역사를 돌아볼 때 혁명이나 혁신으로 불릴 만한 과학기술의 획기적 진전은 몇 차례뿐이었다. 그것도 최근 250년 안에 이루어진 것이 거의 대부분이다. 지구상에서 생명체로서 인간이 태동한 것은 4백만~5백만 년 전으로 추정되지만, 인류의 삶 전체를 뒤흔들거나 뒤바꿀 만한 '경천동지'의 변화는 전체 인류사의 0.00005%에 불과한 (현재까지의 역사만 고려할 때) 끝부분에서 모두 일어났다. 18세기 말 증기기관 발명과 기계의 탄생을 낳은 영국의 1차 산업혁명, 19세기 초 유럽 화학 · 석유 · 철강산업의 대량생산체제를 구축한 2차 산업혁명, 20세기 정보통신혁명으로 불리는 3차 산업혁명이 모두 최근 250년 역사에 편입되었다.

그런데 인류에게 풍요와 번영을 안겨준 3번의 혁명 과정에서 지구의 종말이나 인류의 파멸을 부를 만한 위험한 '물건'도 덩달아 탄생했다. 바로 핵폭탄이나 생화학무기와 같은 대량살상무기들이다. 인류의 생존에 직접 위협이 될 수 있는 이런 기술에 대해 윤리기준이 있어야 하며, 적절한 규제가 이루어져야 한다는 주장은 늘 있어왔다. 하지만 인류의 역사가 약육강식의 논리에 좌우되어 왔듯이, 인류의 생존이 걸린 이 문제 또한 강대국들의 힘겨루기 와중에서 인류 보전을 위한 안전판을 마련하지 못한 채 위험한 '물건'은 점점 더 많은 나라로 확산되고 있다.

다가올 4차 산업혁명의 핵심인 AI 기술은 이러한 파괴형 기술과 거리가 멀어 보이지만, 오히려 인류에게 더 치명적이고 파급력이 있을 수 있다. 핵무기와 생화학무기들이 일순간에 인류를 파멸에 이르게 할 수 있다면, AI의 역기능과 부작용은 아주 야금야금 오랜 시간에 걸쳐 해악을 입힐 수 있다는 것이 전문가들의 경고다.

#2. AI의 위험 요인은 알고리즘의 편향성

이런 우려는 AI의 엔진이라고 불리는 알고리즘에 도사린 위험성에서 비롯된 것이다. 알고리즘의 사전적 정의는 "어떤 문제를 해결하기 위한 절차, 방법, 명령어들의 집합"이다. 넓게는 사람 손이나 컴퓨터로 해결하는 것을 포함하는 개념이다. 문제는 AI 기술의 특성상 사람 개입이 거의 없는 상태에서 기계 알고리즘이 인간을 판단하는 상황에 이르렀다는 점에서 초래되었다. 보통 알고리즘은 가치 중립적 · 객관적일 것이라는 기대와 달리 알고리즘에서도 AI를 설계하는 이들의 주관이 반영될 수 있으며, 다양한 데이터를 학습하는 AI가 차별과 편견을 학습할 가능성이 현실로 드러난 것이다.

현실의 사례를 보자. 온라인 몰이나 유튜브와 같은 SNS 매체의 동영상 사이트에서 알고리즘에 의해 특정 아이템을 추천하는 것은 우리에게 이미 일상화된 경험이다. 그러나 기업들이 인력을 채용하는 경우 AI 알고리즘이 특정한 성별을 더 우대한다면 곧바로 지원자들 사이에 공정성 시비는 물론이고 사회적인 성차별 논란도 초래할 가능성이 높다. 미국에서는 AI 알고리즘이 백인과 흑인, 아시아인 등 인종에 따른 편견을 보이는 사례가 많아 형평성 논란이 제기되었다. 또 유럽의 여러 고등학교에서는 공정성을 높이는 차원에서 사람이 아닌 AI가 졸업학점을 부여하는 시스템을 도입하였는데, 이 AI 알고리즘이 가난한 학생을 차별하는 경향을 나타내 사람이 학점을 부여할 때보다 더 큰 사회적 비판에 직면하기도 하였다.

이처럼 특정 부류에게 편향된 판단을 내리는 AI 알고리즘을 어떻게 바라봐야 하는가에 대한 새로운 고려가 필요하다. 이런 것들은 기술적인 문제가 아니다. 마치 핵기술을 에너지자원 개발에 사용할 수도 있고 핵폭탄 제조에도 사용할 수도 있는 것처럼, AI 기술도 사용자의 의지에 따라 전혀 다른 용도로 활용될 수 있는 위험성이 있다. 위험한 사용은 당연히 세심하게 통제 · 관리될 필요성이 있다.

하지만 이제 막 4차 산업혁명의 관문에 진입하려는 현 시점에서 그 핵심 동력인 AI 기술에 대해 가시적 위험성만 보고 세심하고 완벽한 규제를 가할 국가는 세계 어디에도 없다. 섣부른 규제로 AI 연구 개발 및 상용화 · 활성화에 제동을 걸면 '빈대 잡으려다 초가삼간 태우는' 결과를 초래할 수도 있기 때문이다. AI 알고리즘의 윤리적 딜레마 문제에 대해서는 독일과 유럽연합이 권고 수준의 가이드라인이나 지침 · 기준을 제시하고 있는 정도인데, 아직까지 이에 대한 공적 거론이나 논의조차 없는 세계 대부분 국가들에 비하면, 미온적이나마 선제적인 대처로 평가되고 있다.

#3. 윤리 없는 AI의 '윤리적 딜레마'가 인간과 공존 방해

'꿈의 기술'로 여겨지던 AI 자율주행차는 앞으로 15년 정도면 더 이상 꿈이 아니라 우리 일상생활의 한 단면이 될 것으로 보인다. 자율주행차 개발 선도국인 미국은 1980년대 쉐보레의 시험용 차량이 첫 선을 보인 이래 36년 만인 2016년 구글과 테슬라가 샌프란시스코에서 LA까지의 640㎞ 구간에서 경쟁적으로 시험 운행을 하며 상용화에 박차를 가하고 있다. 한국은 2000년대 초반 고양시에서 파주시까지의 자유로 구간에서 자율주행 시험이 첫 성공을 거둔 후 기술 진전을 거듭한 끝에 2021년 4월부터 세종시 약 22㎞ 구간에서 셔틀버스와 배달 로봇을, 2021년 7월부터는 경기도 판교 테크노밸리 7㎞ 구간에서 출·퇴근용 무인셔틀과 로봇 택시를 각각 시범 운영하고 있다.

그런데 마냥 가슴 벅차게만 느껴졌던 보랏빛 꿈의 기술이 현실로 다가오면서 풍요와 만족의 환호성보다 뜬금없는 윤리와 철학의 문제를 다시금 상기시키도록 한다는 점은 아이러니가 아닐 수 없다.

자율주행차가 다양한 AI 머신들 가운데 대중들에게 비교적 친숙한 생활밀착형 개념임에도 불구하고, 관련 논의는 몇 가지 문제점을 안고 있다. 우선 주체가 AI인지 탑승자인지 '자율' 개념의 혼란, 자율주행 단계의 모호함 그리고 자율주행차의 안전성에 대한 대중의 반응 양극화, 즉 맹신 또는 막연한 두려움이다. 또한 논의가 진정한 윤리성(인식의 문제와 정책의 공익지향성)이 아닌 윤리적 딜레마 문제(차에 장착되어 유사시 생존 우선순위를 결정짓는 AI 알고리즘의 문제)에만 집중되고 있는 점이 인간과의 윤리적 공존을 모색하고 사회적 합의를 도출하는 데 결정적 걸림돌로 작용하고 있다.

일각에서는 AI의 획기적인 진화가 이 같은 모순에 대한 해결책이 될 수 있다는 주장을 내놓고 있다. 자율성을 가진 AI가 언젠가 인간의 자의식, 그중에서도 윤리의식을 습득하여 최대한 올바른 선택을 통해 이를 적용할지 모른다는 기대감의 표출이다. 하지만 앞서 거론했듯이 세계적인 AI 개발자들은 걸음마 단계의 뇌과학과 인간 뇌연구의 수준을 거론하면서 "그런 순간은 아직 요원하며, 온다고 하더라도 알고리즘의 속성상 AI가 사랑과 연민을 가진 존재로 성장하는 걸 기대하기는 어렵다"고 선을 긋고 있다.

▌꿈의 기술로 불리는 AI 자율주행차▐

#4. 목숨이 걸린 윤리적 딜레마, 자율자동차의 트롤리 문제

지금까지 살펴본 AI 기술의 윤리문제는 엄밀히 말하자면 '윤리적인 딜레마 상황'의 문제이다. 그런 딜레마 상황을 야기한 주범은 앞서 설명한 대로 AI 알고리즘이다. 최근 AI 시장에서 대세를 형성하고 있는 AI 자율주행차에 있어서도 AI 알고리즘의 편향성을 둘러싼 논쟁이 뜨겁다. 요지는 자율주행차가 고장 나서 제멋대로 움직이는 상황을 비롯하여 여러 가지 요인의 위험한 딜레마 상황에서 알고리즘이 누구의 생명을 우선시해야 하는지에 관한 것이다.

AI 자율주행자동차 산업의 향후 전망과 관련해 기술적 문제가 아니면서도 기술적 문제보다 더 큰 영향력을 발휘할 것으로 보이는 사안이 바로 '트롤리 딜레마trolly dilemma'다. 위험 상황에서 같은 인간에게 생존 우선순위를 매기는 것이 윤리에 부합하느냐의 문제다. 트롤리는 공중에 가설된 전선에서 전기를 공급받아 달리는 전차다. 트롤리 딜레마는 달리는 전차가 철로에 작업 중인 5명을 부득불 치게 될 상황인데, 레일 변환기로 우회전하면 우측 철로의 1명만 죽게 된다. 이런 선택이 도덕적으로 허용되는가의 문제이다. 자율주행차에 적용되면 보행자와 탑승자 간 생존 우선순위 등 윤리적 딜레마를 초래하는 다양한 위험 상황을 포괄하는 용어로 쓰인다.

외형상 손쉬운 판단문제인 것처럼 보이지만 마케팅 주체나 국가 정책 담당자의 입장에서 보면 자율주행차가 글로벌 시장에서 살아남을 수 있을 것인가를 판가름하는 절체절명의 복잡 난해한 의제다. 차에 장착될 알고리즘 기술의 최종적인 방향 결정은 궁극적으로 여럿 중 누구를 우선 살리고 누구를 차선으로 고려할 것인가의 문제다. 그 순위에 따라 개개인의 생사가 좌우되고 수명이 달라질 수 있기에 이는 예민하고 치열할 수밖에 없는 '제로섬zero sum' 게임이면서 경우에 따라 인권 차원의 문제로 비화될 수도 있다.

자율주행차에 대한 모순된 생각이 AI 윤리와 철학 논쟁의 발단이다. 구매 희망자들은 당연히 탑승자 생존 우선, 일반 시민들은 보행자 생존 우선 알고리즘을 원할 것이다. 대량판매와 이익 극대화를 추구하는 제조사들은 구매자 편에 설 것이고, 정책 담당자들은 공공 안전 차원에서는 보행자 편이면서도 4차 산업 진흥과 국가 산업 발전을 위해서는 구매자와 제조사 입장을 외면할 수 없을 것이다.

자동차는 제품의 특성상 항상 인명사고의 위험이 존재하고 다양한 위험 상황에 처할 수 있다. 그 인명사고가 운전자, 보행자, 다른 운전자 중 누구에게 돌아가느냐 또는 둘 이상에게 어느 정도 비율로 돌아가느냐는 여러 요인의 복합적 작용에 의해 결정된다. 여러 요인이란 운전자들의 운전 숙련도, 도로 환경, 보행자 방어행동의 수준, 그날의 날씨와 천재지변 여부, 관련자들의 건강상태 등이다.

운전자는 이처럼 여러 요인이 복합되어 윤리적 딜레마가 되는 교통사고에 직면할 경우 어떤 이유로든 자신의 운전에 대한 책임을 본인이 감당해야 한다. 딜레마 상황에서 피치 못할 선택을 했더라도 법적·금전적 책임을 감수할 뿐 아니라 누군가 상해를 입게 되는 경우 도덕적 책임, 즉 자신의 행위에 대한 죄책감 또한 갖게 된다. 그런데 AI 자율주행차는 여러 요인 중 운전자 요인은 모두 빠지고 나머지 요인들만 변수로 남는 가운데, 주로 AI 알고리즘의 작동 방향에 따라 인명사고 피해자와 사고 피해 분산의 비율이 달라진다.

쉽게 말해 위험 상황에서 직진인지 급 좌우회전인지 사람 아닌 AI 알고리즘의 지시에 따라 탑승자가 피해자가 될 수도 있고, 보행자 또는 다른 탑승자(또는 운전자)가 피해자가 될 수도 있다는 것이다. 이는 결국 교통사고 시 책임 소재를 탑승자가 아닌 제조사에 두어야 하는지에 대한 논쟁으로까지 이어지고 있다.

실제로 2021년 3월 미국 미시건주 디트로이트시에서 테슬라 자율주행차로 인한 교통사고가 1주일간 2번이나 발생했다. 첫 번째는 자율주행차와 화물차가 충돌, 자율주행차 탑승자 중 한 명은 큰 부상을 당했고, 다른 한 명은 중태에 빠졌다. 자율주행 중의 사고였는데, '오토파일럿'으로 이름 붙여진 알고리즘의 오작동 때문이었다. 두 번째는 시내 한 도로에서 테슬라 자율주행차가 주차 중이던 경찰차를 들이받은 사고다. 자율주행차에는 테슬라의 모니터요원이 탑승하고 있었으나, 다치지 않았고 경찰의 피해도 없었다.

테슬라는 샌프란시스코에서 LA까지 자율주행차 시험이 대성공을 거두었다며 대대적인 홍보를 벌이고 있고, 또 다른 개발업체인 구글은 2021년 3월 자사 자율주행차 '웨이모'가 충돌 상황에서 사람 운전자보다 대처능력이 우수하다는 보고서를 발표하였다. 보고서에 따르면 웨이모는 총 600만 마일(약 960만 ㎞)을 주행하면서 사람이 일으키는 사고보다 경미한 추돌사고만 냈다는 것이다. 사고 원인에 대한 의견이 분분하고 정확한 조사 결과는 공개되지 않고 있는 가운데 자율주행차 개발사들의 이 같은 제품 성능과 안전도에 관한 잇따른 홍보에도 불구하고 사고는 끊이지 않고 있다.

한마디로 목숨이 걸린 생존 우선순위에 관한 문제라서 민감하고 심각한 수준을 넘어서 어떻게 보면 '생사결단'의 문제일 수도 있다.

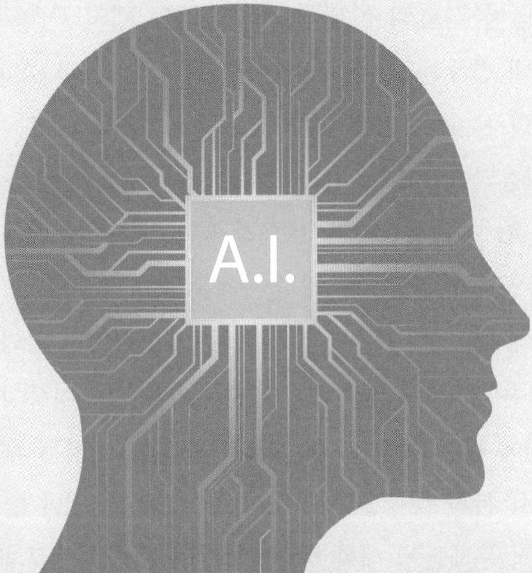

AI 차량 '트롤리 문제'에 대한 유럽·미국의 한발 앞선 대처

#1. 유럽 국가들의 선제적 가이드라인 제시

경북대 법학전문대학원 김성룡 교수는 2020년 8월에 발간한 〈IT와 법 연구〉 제21집에 게재한 논문 "자율주행차량이 상용화되기 전에 해결되어야 할 윤리적 · 법적 난제와 그 해법"을 통해 앞서 제기했던 AI 자율주행차의 '트롤리 문제'와 관련하여 국내의 현황을 짚고 독일과 유럽연합의 대처 사례를 소개했다.

논문에 따르면 국내에서 자율주행차량의 상용화와 관련한 유일한 법률은 2019년 4월 30일 제정된 「자율주행자동차 상용화 촉진 및 지원에 관한 법률」이다. 그런데 이 법률에서는 자율주행차량이 도로에서 본격 주행을 시작하기 전에 해결되어야 할 중요한 윤리적 · 법적 문제들에 대한 해결방법은 물론, 그런 문제를 해결할 조직이나 관련 법규의 제정에 대한 관심이 아예 거론조차 되지 않고 있다. 논문의 저자는 "국내에서는 AI 알고리즘 윤리성이 논의의 대상조차 되지 못하고 있다"고 지적하면서 독일 행정부의 관련 윤리위원회기준과 유럽연합 집행위원회의 전문가그룹 지침을 소개하고 있다.

2017년 독일 연방교통 · 디지털기반시설부에 의해 지명된 위원들로 구성된 윤리위원회는 '자동화 및 연결된 차량교통을 위한 윤리적 원칙Ethics rules for automated and Connected Vehicular traffic' 20개를 발표했다. '트롤리 문제'와 직접 관련된 조항은 모두 9개다.

2 개인 보호는 어떤 다른 공리적 고려들보다 우선한다. 손해 발생이 완전히 방지될 때까지 손해 수준을 감소시키는 것이 목적이다. 자동화된 시스템을 허가하는 것은 그것이 적어도 인

간의 운전과 비교하여 손해 감소를 가져오지 않는 한 정당화 될 수 없다. 다른 말로 하면 위험의 가능성이 줄어들어야 한다.

4 결정에 대한 개인의 인적 책임은 (개인의 발전에 대한 권리와 보호에 대한 필요성을 가진) 개인인 인간에 향해진 사회의 표현이다. 따라서 모든 정부 · 정치적인 규제적 의사결정의 목적은 (개인의) 자유로운 발전을 증진하는 것이고, 개인들의 보호를 향상하는 것이다. 자유로운 사회에서 기술이 법규적으로 구체화되는 방법은 개발이라는 일반적인 영역에서 최대한 개인의 선택의 자유와 타인의 자유 그리고 그들의 안전 사이의 균형을 맞추는 것이다.

5 자동화되고 네트워크로 연결된 기술은 그것이 실천적으로 가능하다면 사고를 피해야만 한다. 기술은 저마다의 그 상태에 따라 우선 문제되는 상황critical situation, 즉 위기가 발생하지 않는 방법으로 설계되어야만 한다. 이 위기 상황들에는 딜레마적 상황도 포함하는데, 달리 말하면 자동화된 차량이 계량할 수 없는 두 개의 악(惡) 중에서 어느 하나를 필수적으로 실현해야만 하는 결정을 해야 하는 그런 상황을 포함한다.

6 만약 그것이 존재하는 손해 감소 가능성을 이용하게 된다면 보다 고도로 자동화된 주행시스템의 도입, 특히 자동화된 충돌방지 옵션을 가진 시스템의 도입은 사회적이고 윤리적으로 요구될 수 있다. 반대로 만약 그것이 기술적인 명령에 복종하는 것과 결부되어 있다면 완전히 자동화된 운송시스템을 사용하도록 법적 의무를 부과하는 것이나 실제로 회피 불가능

하게 만드는 것은 윤리적으로 의문의 여지가 있는 것이다(주체를 단순한 네트워크의 요소로 평가절하의 금지).

7 기술적으로 가능한 범위 내에서 그 시스템은 만약 그것을 통해 사람의 손해를 방지할 수 있다면 충돌의 경우 동물이나 재물에 대한 손해를 감수하도록 프로그램되어야만 한다.

8 한 사람의 생명과 다른 사람의 생명 사이의 결정과 같은 진정한 딜레마적 결정은 영향을 받는 당사자들에 의한 예견할 수 없는 행동을 포함하는 구체적인 실제 상황에 좌우된다. 따라서 그러한 결정들은 명확하게 기준(규범)화될 수도 없고, 윤리적으로 의문의 여지가 없도록 프로그램화하기도 어렵다. 기술적인 시스템은 반드시 사고를 피하도록 설계되어야만 한다. 하지만 그것들은 사고의 영향을 복잡하게 평가하거나 직관적으로 평가함으로써 정확한 판단을 할 도덕적 역량을 갖춘 책임 있는 운전자의 결정을 대체하거나 (인간의 결정을) 앞서 할 수 있다는 식으로 규범화할 수는 없다.
인간 운전자는 만약 그가 응급 상황에서 한 사람 혹은 더 많은 다수의 다른 사람들의 생명을 구하기 위하여 (다른) 한 사람을 살해하게 된다면 사실 그는 위법하게 행위한 것이지만 그렇다고 해서 필연적으로 유책하게 행위를 한 것은 아니다.

9 피할 수 없는 사고 상황의 경우 인간의 특성(나이, 성, 물리적 혹은 정신적 상태)에 기초한 차별은 엄격하게 금지된다. 또한 피해자를 상쇄하는 것도 금지된다. 인간의 피해를 감소시키기 위한 일반적인 프로그래밍은 정당화될 수 있다. 이동성 위험의 발생에 관련된 당사자들은 결코 이에 관여되지 않은 당

사자들을 희생시켜서는 안 된다.

12 대중은 새로운 기술과 그 사용(활용)에 관해 충분히 세분화된 정보를 제공받을 권리가 있다. 여기서 발전된 원칙들의 구체적인 실천을 위해서 자동화된 차량의 개발과 프로그래밍을 위한 가이드는 가능한 투명한 형태로 대중 사이에 의사소통되고 전문적으로 적절한 독립된 기관에 의해 심사된 형태에서 도출되어야만 한다.

17 고도로 자동화된 차량들에서 소프트웨어와 기술은 갑작스런 운전자로의 통제 이양의 필요(긴급 상황)가 실질적으로 배제되는 식으로 디자인되어야만 한다. 효율적이고, 신뢰할 수 있고, 안전한 인간-기계의 의사소통을 가능하게 하고, 과부담을 방지하기 위해서 인간들에게 그들의 적용능력을 확장하기를 요구하기보다는 시스템들이 인간에 대한 의사소통적 행위에 적응하도록 해야만 한다.

위 9개 원칙 중 단연 관심을 끄는 것은 8, 9항이다. 논문의 저자는 "다수를 구하려고 소수를 희생하게 할 것인지에 대해 이를 사전적으로 프로그램화하기 어렵다는 점을 강조하고 있으나, 그렇다면 어떻게 해야 하는지에 대해서는 함구하고 있다"고 비판했다.

비판의 이유는 이렇다. 9항은 자율주행차 비이용자(보행자와 일반차량 운전자 등)가 이용자(자율주행차 탑승차)보다 불리한 결과가 되어서는 안 된다는 점을 지적하고 있다. 얼핏 상식적으로 들리는 말이다. 하지만 바로 앞 8항은 '트롤리 문제'에서 비이용자를 일방적으로 보호하는 것을 사전적 · 일반적 · 추상적 원리, 즉 AI

▮ 사고 직전 상황에서 윤리적 딜레마에 빠진 AI 알고리즘 ▮

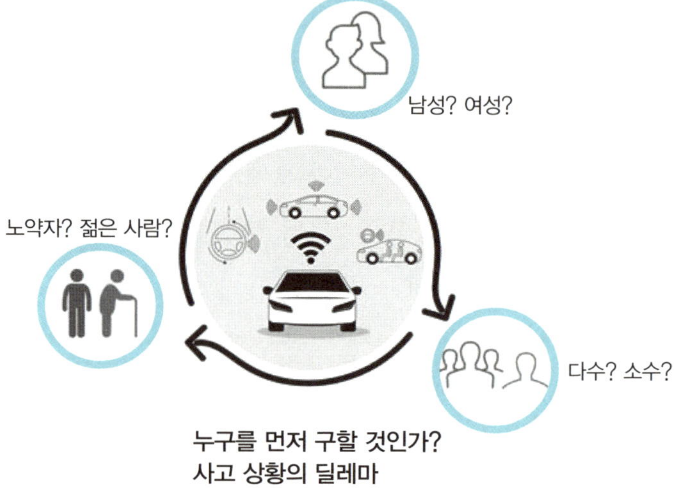

자율주행차 알고리즘에 도입하여 프로그램화할 수 없다는 점을 분명히 하고 있는 것이다. 구매희망자 · 탑승자 · 자율차량 제작사의 입장이 반영된 결과이다. 논문의 저자는 "자율차 대량생산과 대중화의 관건인 알고리즘 프로그래밍과 그 이전의 사회적 합의 도출에 있어서 이런 조건은 가장 큰 장애가 될 것"이라고 전망했다.

유럽연합 집행위원회European Commission도 AI 알고리즘의 위험성에 대해 국가연합 차원의 선제적 가이드라인을 제시했다. 위원회 산하 '인공지능에 관한 고급전문가집단'이 2018년 6월 공개한 'AI의 윤리적 가이드라인AI Ethics Guidelines'의 일부인 'AI 개발 · 도입 · 사용에서 윤리적 원칙'에 적시된 내용은 다음 3개 조항이다.

1 AI의 개발 · 도입 · 사용은 다음의 윤리적 원칙들이 지켜지도

록 이루어져야만 한다: 인간의 자율성의 존중, 손해의 방지, 공정과 설명 가능성(윤리적 명령ethical imperative). 이런 원칙들 사이에 가능한 긴장들이 인식되고 해소되어야만 한다.

2 특별히 보호가 필요한 집단(예를 들어 어린이, 장애를 가진 사람, 역사적으로 불이익을 입었거나 배제의 위험에 놓인 사람들과 같은 약한 집단이 포함되는 상황에 대해서는 특별한 주의가 필요하다. 또한 이러한 요구는, 예를 들어 고용주와 노동자 혹은 기업과 소비자들의 사이처럼 불평등한 권력 · 정보의 배분을 통해 표현되는 상황들에 대해서도 적용된다.

3 AI 시스템은 개인과 사회에 중요한 이익을 가져오지만 동시에 특정 위험을 내재하고 있고, 경우에 따라서는 (예를 들어 민주주의, 법치 국가성, 분배적 정의 혹은 그 자체로서 인간 정신이라는 관점에서) 부정적인, 특히 무시하기 어려운, 인식 가능하거나 혹은 측정 가능한 영향을 가져올 수 있다는 것을 인정하고 고려해야만 한다. 이러한 위험을 막기 위하여 경우에 따라서는 적절하고 위험의 정도의 관점에서 비례적인 조치가 반드시 행해져야 한다.

이 가이드라인에서도 '트롤리 문제'에 관해 언급을 하고 있다. 논문의 저자에 따르면 AI가 내린 결정들은 직접적이든 간접적이든 영향을 받은 사람들에게 설명 가능한 것이어야 한다는 것을 의미한다. 특히 블랙박스 알고리즘black box algorithm처럼 왜 하나의 모델이 특정 산출 · 결정을 만들어냈는지, 어떤 입력 요소들의 조합이 그 결과에 기여한 것인지와 같은 설명이 가능하지 않은 경우,

시스템 능력에 대한 추적 가능성, 감사 가능성, 투명한 의사소통 등 다른 조치들이 요구된다며 대중들의 기본적 권리를 강조하고 있다. 하지만 애매한 문구로 인해 개별 사안의 맥락과 결과에 따라 귀책대상과 책임 정도가 달라질 수 있는 모호함을 지닌 것으로 보인다.

▌ 미국자동차기술학회가 구분한 자율주행차 기술 6단계 ▌

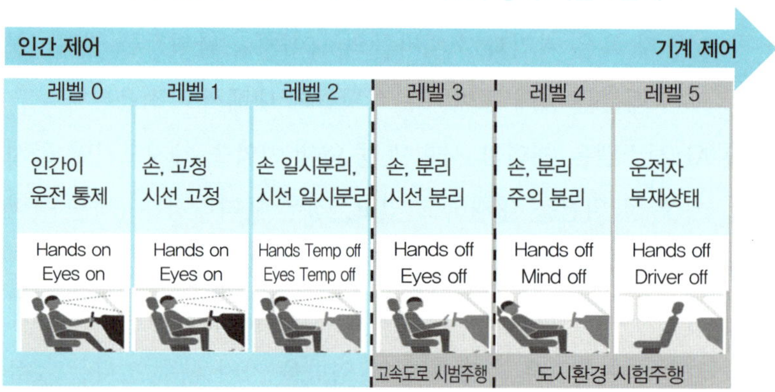

레벨 0	인간이 수동으로 차량 운전을 완전히 통제한다.
레벨 1	운전의 주체는 인간이다. 차량은 주행을 보조하거나 속도나 차선위치를 제어하는 등 일부 기능을 제어한다.
레벨 2	운전의 주체는 인간이다. 차량은 고속도로와 같은 제한적인 상황에서 차량 속도와 차선 위치를 한시적으로 제어할 수 있다.
레벨 3	운전의 주체는 자동차다. 차량은 특정 조건에서 운전을 완전히 통제한다. 인간은 시스템 경고에 맞춰 항상 차량을 통제할 준비를 갖춰야 한다.
레벨 4	운전의 주체는 자동차다. 시스템은 특정 조건에서 운전을 완전히 통제한다. 인간은 선택적으로 차량을 통제할 수 있다.
레벨 5	운전의 주체는 자동차다. 시스템은 운전을 완전히 통제한다. 운전자는 선택적으로 차량을 통제할 수 있다.

#2. 여론 탐지에 과감하게 투입된 MIT의 '모럴 머신'

"보행자인가, 탑승자인가. 어느 쪽의 생명을 구할 것인가."

'모럴 머신Moral Machine'은 갑자기 도로에 뛰어든 어린이와 충돌을 앞두고 있다. 급브레이크를 잡으면 탑승자 몸이 갈대처럼 휘어져 앞유리에 부딪힌다. 그렇다고 핸들을 우로 꺾으면 도로벽에 충돌해 탑승자는 더욱 위태롭다. 모럴 머신은 어떤 선택을 할까.

모럴 머신은 미국 매사추세츠공대MIT 미디어랩이 AI 알고리즘의 윤리적 결정에 대한 대중의 인식을 알아보기 위해 고안한 가상공간의 AI 자율주행차다. 돌발적 위기를 포함하여 모든 상황에서 판단을 내리는 것은 탑승자가 아니라 이 차에 장착된 AI 알고리즘이다.

MIT 미디어랩은 온라인게임의 플랫폼으로 2016년 6월부터 2017년 3월까지 10개월간 233개국 400만 명에게 AI 자율주행차의 윤리적 딜레마, 즉 '트롤리 딜레마The trolly Dilemma' 문제에 관하여 다양한 질문을 던진 후 의사결정 데이터를 수집하여 2108년 10월 24일 세계적 과학저널 〈네이처*Nature*〉에 조사 · 분석 결과를 발표했다.

실험은 2016년 6월 첫 선을 보인 이래 그해 10월 인구통계학적 개인정보, 정치적 견해, 종교적 신념에 대한 질문이 추가되었고, 한 달 후인 11월에는 영어 외에 9개국 언어로 된 질문지가 제시되었다. 아랍어, 중국어, 불어, 독어, 일어, 한국어, 포르투갈어, 러시아어, 스페인어였다. 총 4백만 명이 10개의 언어로 3,961만 건의 데이터를 제출했으나 "탑승자인가, 보행자인가"라는 서두의 질문에는 유독 답변이 양쪽으로 엇갈려 지배적인 견해가 도출되지 않았다. 돌발적 사고에 대비한 AI 알고리즘을 비장착한 차량이나 탑승자에게 더 많은 위험이 쏠리는 알고리즘의 차량을 살 사람은 없을 것이며, 비구매자는 보행자에 더 위험한 AI 알고리즘에 반대할 것이다. 따라서 AI 자율주행차에 적용할 윤리규범(교통사고 알고리즘)에 대한 논의는 매우 복잡하고 결론을 내리기가 쉽지 않다는 것이다.

어느 한쪽은 죽음을 피하기 힘든 돌발적 상황에서 모럴 머신이 "어느 쪽의 생명을 구할 것인가"라는 프레임에 서두의 '보행자 vs 탑승자'를 포함하여 9개 질문 쌍을 조합하고, 이 중 몇 개의 변수는 서로 교차시켜 총 13개 시나리오를 구성해 딜레마를 탐구했다.

1 직진 vs 방향전환
2 보행자 vs 탑승자
3 남자 vs 여자
4 큰 덩치 vs 적당한 체구
5 높은 지위 vs 낮은 지위
6 적법 횡단 vs 무단 횡단
7 노인 vs 젊은 사람
8 다수의 사람 vs 소수의 사람
9 인간 vs 동물

이렇듯 자율주행차가 마주할 수 있는 다양한 시나리오를 짜고 전 세계의 최대한 많은 사람들로부터 의견을 수집한 결과는 대체적으로 흥미롭다. 그러나 가까운 시일 내 일상의 익숙한 모드로 다가올 자율주행자에 있어 가장 첨예한 문제, 즉 AI를 수용하고 활용하는 윤리적 방식에 대해서는 뚜렷한 지침을 보여주지 않아 난감해진다.

모럴 머신 실험의 가장 특징적인 결과는 국가별로 AI 자율주행차의 윤리적 딜레마를 둘러싼 대중의 판단과 기대가 매우 다양하게 나타난다는 것이다. 이 결과는 자율주행차에 대한 윤리규범(교통사고 알고리즘)에 관한 대중들 사이에 합의 도출의 초점이 국가마다 매우 다를 수 있다는 점을 시사하고 있다. 지구상 모든 사람들에게 공통적이거나 보편적인 윤리는 존재하지 않을 수 있다는 말이다. 심지어 같은 국가 안에서도 연령, 성별, 사회경제적 지위, 문화차이, 거주지역, 생활방식, 신체적 조건 등 다양한 요소들에 의해 자율주행차의 윤리적 딜레마에 대한 판단과 기대가 개인마다 달라질 수 있음을 이 흥미로운 실험이 입증하였다.

MIT 미디어랩 연구진들은 모럴 머신의 브레이크가 고장 나서

▌AI 윤리문제 연구를 위해 주어진 가상의 위험 상황▐

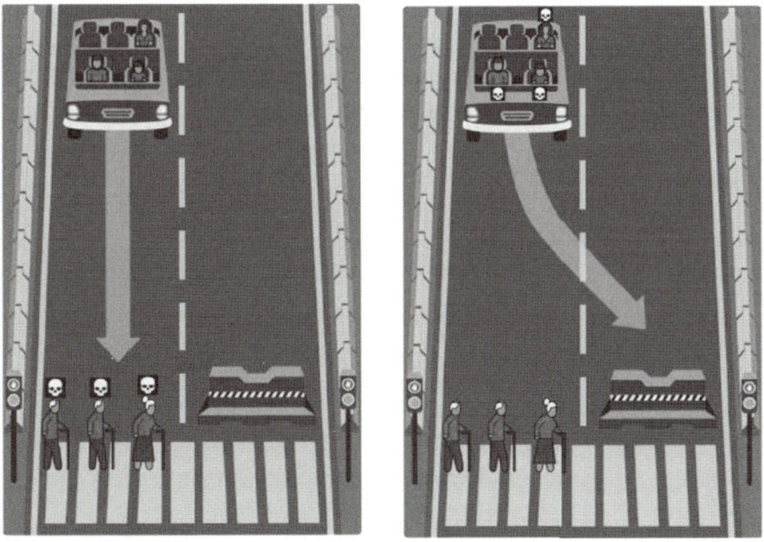

출처: Awad, E., Dsouza, S., Kim, R., Schulz, J., Henrich, J., Shariff, A., Bonnefon, J., Rahwan, I., "The moral machine experiment", *Nature,* vol.563(2018), p.60.

멈출 수 없는 위기 시나리오를 제시했다. 그대로 직진하면 남성 2명과 여성 1명 등 3명의 노인이 죽게 되고, 보도를 향해 좌회전하면 차에 탑승한 성인 남녀 각 1명과 남자 어린이 등 3명이 죽게 된다.

먼저 이 실험의 결과를 총체적으로 요약한 그래픽 도표와 그에 대한 해석을 살펴보자

▮ 모럴 머신 실험 결과를 9개 요소별로 분석한 그래픽 도표 ▮

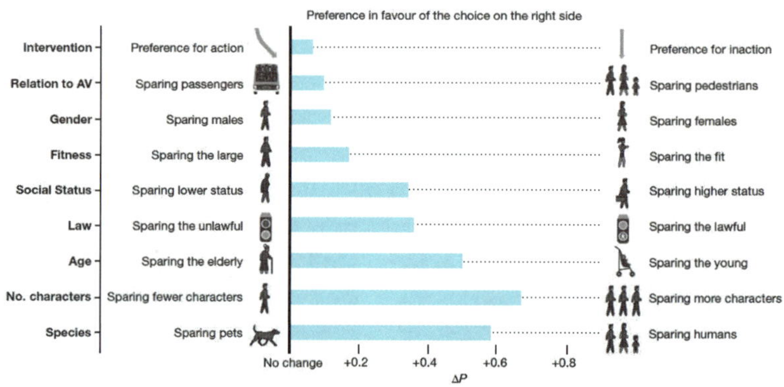

출처: *Ibid.*

해설 왼쪽과 오른쪽 두 선택지 중 오른쪽을 우선 구하는 게 바람직하다는 견해를 보인 사람의 상대적 비율이 가로 막대로 표시되어 있다. 맨 윗줄 모럴 머신의 브레이크 고장 상황 시나리오는 차선변경(좌회전action)보다 차선유지(직진inaction)하는 게 바람직하다는 의사표시가 약 0.07% 포인트 많았다는 의미이다. 하단에 표기된 보합NO change 경계선은 양쪽 중 어느 쪽으로도 치우치지 않아 양쪽의 비율이 같음을 나타내는 표시선이다.

이 결과는 전 세계 총 4백만 명의 참가자가 모럴 머신 실험 속에서 제시한 윤리적 딜레마 상황에 대한 의사결정 데이터 수천만 건의 답을 총괄 집계하여 통계분석을 한 것이다. 앞서 "어느 쪽의 생명을 구할 것인가"라는 프레임에 9개 질문 쌍을 조합하여 온라인 게임의 플랫폼으로 질문을 던졌는데, 그에 대한 전 세계인들의 선택은 어느 쪽이 많은지를 일목요연하게 나타내주는 도표이다.

| 방향전환action vs 직진inaction

도표 맨 윗줄의 개입Intervention 여부는 방향전환 조치 또는 조치 없이 그대로 직진할 것인가의 여부를 뜻한다. 바로 앞서 제시된 브레이크 고장으로 인한 위기 시나리오를 떠올려보자. 이는 '보행자 vs 탑승자'와 '노인 vs 젊은 사람' 등 두 가지 요인이 조합된 질문인데, 모럴 머신의 AI 알고리즘에 적용될 윤리적 '우선 선택preference'에 대해 참가자 의사를 묻고 있다.

결과는 답변이 양 방향으로 분산되어 지배적 견해가 도출되지 않았다. 9가지 질문 쌍 중 의견이 양쪽으로 가장 팽팽하게 엇갈렸다.

가로 막대는 도표 하단에 '보합NO change'이라고 표기된 중앙 경계선을 기준으로 두 선택지 가운데 오른쪽을 택한 사람의 비율이 상대적으로 많다는 것을 표시한다. 젊은 사람들인 탑승자 희생을 감수하며 노인 보행자를 구하려고 좌회전하기보다 직진하는 게 바람직하다는 의사표시가 불과 0.07% 포인트 많았다. 거의 차이가 없다.

2 보행자pedestrians vs 탑승자passengers

1번의 프레임에서 '노인 vs 젊은 사람' 구도를 제외하여 오직 '보행자 vs 탑승자' 구도의 시나리오를 주고 질문을 던졌다.

결과는 1번과 반대로 직진하기보다 보행자를 구하기 위해 좌회전하는 게 바람직하다는 견해가 많았으나, 불과 0.1% 포인트 차이였다. 연령 변수를 제외해도 1번 결과와 크게 차이가 없다고 볼 수 있다.

대중의 입장에서 보편적 윤리로 보자면, 보행자를 구하는 게 옳다고 하더라도 구매자 입장이 되면 그런 불리한 AI 알고리즘의 차량을 사지 않는 모순이 바로 딜레마다. MIT 미디어랩 연구진은 직전의 선행연구에서 이 같은 딜레마를 확인하였다고 밝혔다. 장차 AI 자율주행차 탑승자가 될 수 있다는 것, 즉 구매의사 때문인지 아니면 보편적 윤리의식의 발동인지는 알 수 없으나 차량 제조사는 AI 알고리즘을 정하는 데 있어 윤리적인 강박이나 특정 여론에 의한 압력을 받지 않아도 될 것이므로 안도의 한숨을 내쉴 만한 결과다.

3 남성males vs 여성females

도표 셋째 줄이 보여주는 바와 같이 모럴 머신이 여성을 먼저 구하는 것이 윤리적으로 바람직하다는 설문응답자의 판단이 0.15% 포인트 많았다. 남녀 중 어느 쪽이 뚜렷이 우선한다고 보기 어려운 결과다. 그러나 개인의 다양한 신상정보를 제출한 실험 참가자 49만여 명만을 대상으로 개인의 특성에 따른 참가자의 윤리의식(모럴 머신에 적용할 알고리즘의 윤리적 우선순위)을 조사했을 때에는 상당히 다른 결과를 보였다.

여기에서는 여성과 남성 모두 여성을 구하는 것이 윤리적이라고 인식하는 공통점을 보인 가운데, 여성 응답자 간에는 남성보다 여성을 우선하여 구해야 한다는 응답이 압도적 다수로 나타난 반면, 남성 응답자들 사이에서는 여성을 우선시해야 한다는 비율이 남성 자신들을 우선시해야 한다는 비율보다 겨우 0.06% 포인트 높게 나타났다.

4 큰 덩치the large **vs 적당한 체구**the fit

5 낮은 지위lower status **vs 높은 지위**higher status

6 무단 횡단the unlawful **vs 적법 횡단**the lawful

도표에서 위로부터 4~6번째 줄을 보면 큰 덩치보다는 적당한 체구의 사람을(0.17% 포인트), 낮은 지위보다는 높은 지위의 사람을(0.36% 포인트), 무단 횡단자보다는 신호를 준수한 사람을(0.37% 포인트) 우선하여 구하는 것이 바람직하다는 견해를 보인 것으로 집계되었다. 이는 윤리적으로 우선시하는 경향에서 매우 뚜렷한 차이라고 보기에는 작은 수치다. 하지만 이 뒷부분에서 제시할 국가별, 세계 권역별 세부분석에서는 매우 의미 있는 차이를 나타내는 요소들이다.

7 노인the elderly **vs 젊은 사람**the young

8 소수 사람fewer characters vs 다수 사람more characters

9 동물pets vs 인간humans

도표에서 아래로부터 1~3번째 줄을 보면 노인보다는 젊거나 어린 사람을, 반려동물보다는 사람을, 소수의 사람보다는 다수의 사람을 우선적으로 구하는 것이 윤리적으로 바람직하다는 견해를 제시한 사람이 최소한 0.5% 포인트 넘게 더 많은 것으로 나타나고 있다.

이 세 가지 요소에서 나타난 모럴 머신 윤리적 우선순위 결정의 뚜렷한 원리는 이 연구를 통해 얻어낸 가장 큰 성과로서, 아마도 AI 자율주행차에 적용될 알고리즘의 윤리규범을 정하는 데 상당한 영향을 줄 것으로 예상된다. 당연히 AI 자율주행자 관련 정책 담당자들에게도 매우 중요한 참고 자료가 될 것이다. 또한 이 같은 결과는 독일 정부가 2017년 발표한 자율주행차 윤리적 원칙과 일치한다. 다만 젊은 사람을 우선 구하는 게 바람직하다는 것은 특성을 기준으로 차별해선 안 된다는 조항과 다소 어긋날 가능성이 있다.

연구자들은 1명의 참가자가 적어도 1개 이상의 의사결정 데이터를 제출할 때 세계 지도상 참가자의 현 위치에 한 개의 점을 찍어 1포인트를 표시한 후 최소한 100포인트 이상을 기록한 전 세계 130개국을 선별해냈다. 그리고 두 점 사이 거리를 산출해 데이터 간 유사성을 측정하는 유클리드 거리Euclidean distance 모형과 편차들의 제곱합이 최소가 되게 하여 인과관계를 분석하는 와드 최소자

승법Ward's minimum variance method을 활용, 국가 · 권역 · 문화적 특성이 모럴 머신의 윤리적 우선순위에 미치는 영향을 분석했다. 분석 결과 대체로 세계 지도상에 3개의 큰 권역이 형성되었다.

MIT 미디어랩은 어느 한쪽은 죽음을 면하기 힘든 돌발 상황에서 "어느 쪽을 구할 것인가"라는 모럴 머신의 윤리적 우선순위에 대한 의식을 파악하기 위해 9개 질문 쌍을 조합해 딜레마를 탐구했

실험 결과 유사한 응답성향으로 구분된 글로벌 3대 권역

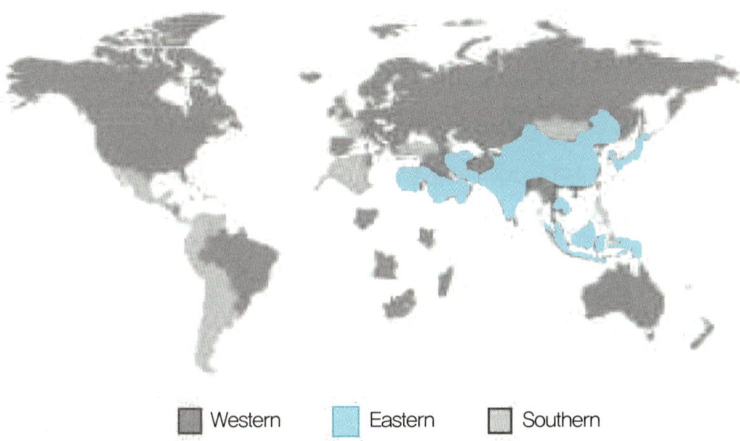

출처: Maxmen, A., "Self-driving car dilemmas reveal that moral choices are not universal", *Nature*, vol.562(2018), p.470.

해설 진한 회색 부분은 서부권역western으로 유럽과 북미, 브라질 등 남미의 동부 국가들, 호주와 러시아 등 전통적 기독교 문화권이다. 별색 부분은 동부권역Eastern으로 중국, 인도, 한국, 일본, 사우디 등 전통적으로 이슬람교, 유교, 불교, 힌두교를 신봉해온 문화권이다. 연한 회색 부분은 남부권역Southern으로 중미, 남미의 서부 국가들, 프랑스와 아프리카의 과거 프랑스 식민지들이다.

는데, 이번에는 앞의 그림에 구분된 3개의 글로벌 권역별로 9개 요소에 대한 응답에서 윤리적 우선순위가 어떻게 나타나는지 분석하였다. 참가자들의 나이, 성별, 수익 등 개별적 특성에 의한 차이는 그다지 크지 않은 반면에 권역·문화에 따른 차이는 매우 뚜렷하였다.

다음 그래픽은 3개의 글로벌 권역별로 나타나는 윤리적 우선순위의 차이를 9개의 요소별로 표시한 것이다. 나이 든 사람Sparing the elderly보다 젊은 사람을 우선하여 구하는 것Sparing the young이 바람직하다는 응답은 남부권역, 서부권역, 동부권역 순으로 나타났다.

한국이 속한 동부권역은 유교와 불교, 이슬람교의 뿌리 깊은 문화적 전통과 집단주의 문화로 인해 학식과 경륜을 보유한 '사회의 어른'에 대한 공경심이 강하고 이 같은 사회적 인식이 윤리적 우선순위로 표출되었다. 같은 이유로 젊은 사람을 먼저 구해야 한다는 가치는 약한 것으로 파악되었다. 반면 프랑스, 멕시코, 칠레, 알제리 등 남부권역에서는 나이 든 사람보다 젊은 사람을 우선하여 구하는 것이 바람직하다는 인식이 매우 강하게 나타났다.

▮ 유사한 성향에 따라 3대 권역으로 분류된 세계 130개국 ▮

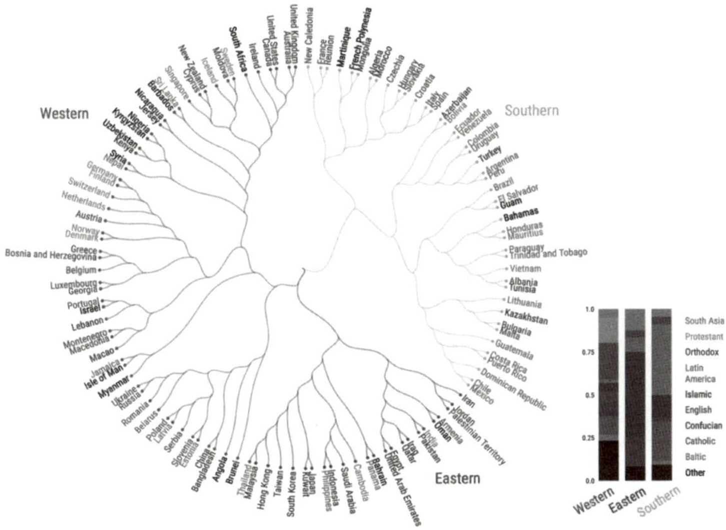

출처: Awad, E. et al., *op. cit*.

해설 오른쪽 막대그래프에서 서부권은 개신교, 그리스정교권, 기타의 비중이 높다. 또 동부권은 이슬람권과 공자문화권이, 남부권은 남미 · 가톨릭권과 이슬람권이 각각 높은 비중을 차지하고 있다.

▮ 모럴 머신의 윤리적 우선순위에 대한 권역별 차이 분석 ▮

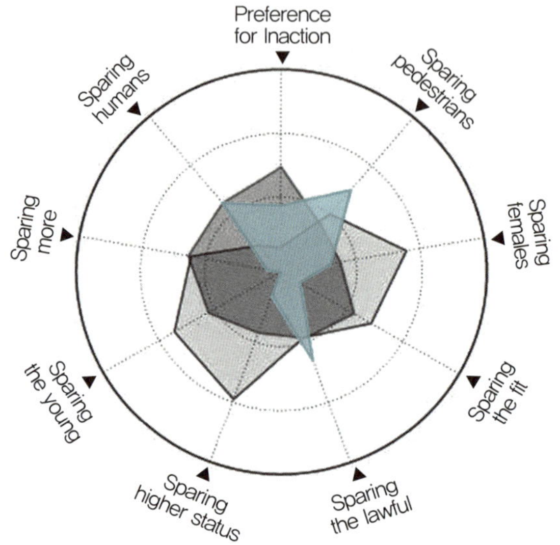

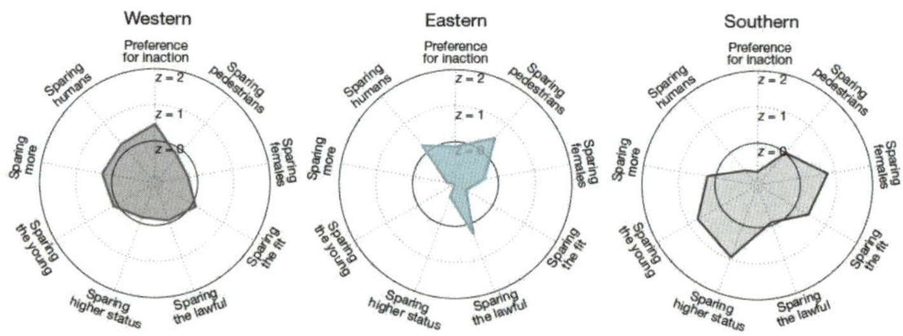

출처: Awad, E. et al., *op. cit*.

해설 진한 회색 부분은 미국, 유럽, 남미의 동부 국가 등 서부권역, 별색 부분은 중동 · 극동 아시아의 동부권역, 연한 회색 부분은 중미, 남미의 서부 국가, 유럽의 프랑스와 아프리카의 과거 프랑스 식민지 등 남부권역이다. 한국이 포함된 동부권역은 윤리적 우선순위에서 3개 권역 중 탑승자보다 보행자를 가장 우선시하지만, 나이 든 사람보다 젊은 사람을 우선시하는 경향은 가장 낮은 특징을 보였다. 위쪽은 세 권역을 종합한 것이고, 아래쪽은 분리하여 나타냈다.

사회적 지위가 낮은 사람Sparing lower status보다 사회적 지위가 높은 사람을 우선하여 구하는 것Sparing higher status이 바람직하다는 응답도 마찬가지로 남부권역, 서부권역, 동부권역 순이었다. 연구진은 빈부 격차가 심한 지역일수록 사회적 지위가 높은 사람과 낮은 사람을 더 심하게 차별하는 경향성을 발견하였다.

반려동물Sparing pets보다 사람을 우선하여 구하는 것Sparing humans에서 서부권역과 동부권역은 거의 같은 수준으로 사람에 대해 윤리적 우선순위를 높게 부여했으나, 남부권역에서는 두 지역과 매우 큰 격차로 사람에 대한 윤리적 우선순위를 낮게 부여했다.

남부권역에서는 남자Sparing males보다 여자를 우선하여 구하는 것Sparing females과 큰 덩치Sparing the large보다 적당한 체구Sparing the fit의 사람을 우선하여 구하는 것에 보다 큰 가치를 부여했다.

서부권역과 남부권역은 거의 같은 수준으로 소수의 사람Sparing fewer characters보다 다수의 사람을 구하는 것Sparing more characters을 우선시하는 경향을 보였다. 두 권역 모두 개인주의적 문화가 우세한 지역으로 개개인의 자유를 비롯한 특정의 가치와 권리를 보다 중시하는 문화적 특징이 반영된 것으로 분석되었다.

한국이 속한 동부권역은 횡단보도에서 법을 잘 지킨 사람들을 우선 구해야Sparing the lawful 한다는 의식이 상대적으로 강하다. 그러나 젊은 사람Sparing the young과 여성Sparing females을 우선하여 구해야 한다는 가치는 3개 권역 중 가장 낮다.

모럴 머신 연구진은 이런 권역별 경향성이 AI 자율주행차 트롤리 딜레마 문제를 논의하고 윤리규범을 정하는 데 있어 중요한 단서를 제공하지만 당위적 원칙은 될 수 없다고 파악하였다. 단순한 인식의 문제와 신기술을 현실로 수용하는 것은 다르다는 이유에서다.

▌문화적 차이에 의한 권역별 · 요소별 윤리적 차이▐

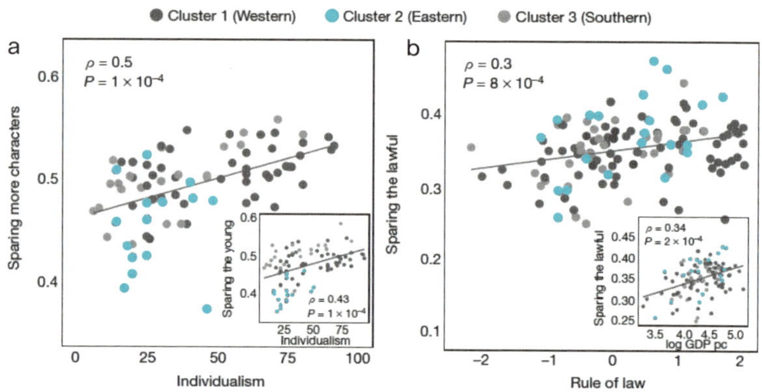

출처: Awad, E. et al., *op. cit.*

해설 위 산점도에서 선형함수의 직선 부근에 점들이 오밀조밀 모여 있을수록 두 변수 간에 상관도가 높고 넓게 흩어지면 낮다.

a. 서부권(진한 회색 점)과 남부권(연한 회색 점)은 개인주의적 성향이 강할수록 많은 수의 사람을 구하는 경향이 뚜렷하고, 동부권(별색으로 된 점)은 그렇지 않다. 개인주의 성향이 강할수록 젊은 사람을 구하는 경향은 서부권, 남부권, 동부권 순으로 뚜렷하다.

b. 준법정신이 강할수록 횡단보도에서 법을 지키는 보행자의 생명을 우선하는 경향은 서부권이 약간 뚜렷하고 남부권과 동부권은 그렇지 않다. 1인당 GDP(국민총생산)가 높을수록 횡단보도에서 법을 지키는 보행자의 생명을 우선하는 경향은 서부권과 남부권이 약간 뚜렷하고 동부권은 그렇지 않다.

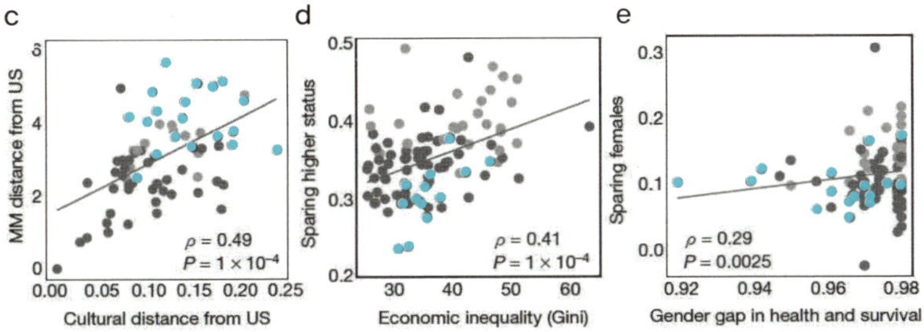

출처: Awad, E. et al., *op. cit*.

해설 c. 미국과 문화적 거리차가 클수록 응답성향의 차이가 큰 것은 서부권과 남부권이 뚜렷하고, 동부권은 그렇지 않다.

d. 경제적 불평등이 심할수록 높은 지위의 사람을 구하는 경향은 서부권에서 뚜렷하고, 남부권과 동부권은 그렇지 않다.

e. 남녀 간 건강상태와 기대수명의 차이가 클수록 여성을 우선하여 구하는 경향은 3개 권역 모두 비교적 뚜렷하다.

수백만 명 참가자들의 데이터를 글로벌 권역이 아닌 국가 단위로 분류하여 분석했을 때에도 중요하고 흥미로운 결과들이 나왔다.

전 세계를 기준으로 했을 때 트롤리 딜레마 문제에서 생명이 걸린 사람의 수는 윤리적 판단에서 그리 중요한 요인이 아닌 것으로 나타났다. 미국, 영국 등 개인의 자유와 존엄성을 우선시하는 문화의 참가자들만 그 어떤 요소보다 많은 수의 사람 생명과 안전이 중요하다고 판단했고, 나머지 대부분의 국가들에서는 사람 숫자를 따져서 생명을 구하는 우선순위를 정하지 않는 경향을 보였다.

또 빈부격차가 비교적 적은 핀란드 사람들은 부랑자와 기업의 임원 가운데 생명을 구하는 우선순위에 있어 어느 쪽에도 치우치지 않는 경향을 보였지만, 빈부격차가 큰 콜롬비아에서는 부랑자보다 기업의 임원 쪽에 보다 높은 비중을 두는 것으로 나타났다.

연구자들은 가난하고 법적 제도가 약한 국가일수록 법규를 지키지 않는 사람에게 보다 관용적이고Sparing the unlawful, 준법의식이 높은 지역일수록 법을 잘 지킨 보행자를 더 우선시하는Sparing the lawful 경향이 있다고 분석하였다. 이는 국가 내에 규범을 준수하는 시민의식이 잘 자리 잡았는지, 규범을 위반하면 그에 상응한 처벌을 받고 있는지 여부와 관련성이 있을 것이다.

일본, 핀란드와 같이 부유한 국가의 국민일수록 파키스탄, 나이지리아 등 빈곤한 국가의 국민들보다 무단횡단자의 생명을 중시하지 않는 것으로 나타났다.

또 거의 모든 국가가 남성보다Sparing the males 여성을 우선하여 구하는 경향Sparing the females을 보였는데, 이는 여성에 대해 보다 양호한 건강과 생존 전망이 존재할수록, 즉 여성의 기대수명이 길고 성비가 균형적일수록 강하게 나타났다.

눈길을 끄는 것은 아시아 대륙의 같은 동부권역에 속하면서도 일본은 보행자를 가장 중시하는 데 반해, 이웃 국가인 중국은 탑승자를 가장 중시하는 것으로 나타났다. 한국은 두 국가의 중간 부분에 위치하지만, 보행자의 생명과 안전에 보다 높은 비중을 두었다.

한국 참가자들의 분석 결과를 미국과 비교했을 때 병약자와 여성을 중시하는 것은 양국이 유사한 수준을 보였다. 그러나 동물보다 인간, 탑승자보다 보행자, 무단보행자보다 법규를 잘 지키는 사람을 우선시하는 경향은 미국보다 높게, 젊고 어린 사람과 다수의 사람을 우선시하는 경향은 미국보다 낮게 나타났다. 이는 특정 국가의 문화가 자율주행차 윤리에 미치는 영향을 단적으로 보여주고 있다.

▮ 자율주행차의 각 윤리적 항목에서의 국가순위 ▮

순위	탑승자보다 보행자 우선 구하기	사람 숫자가 많을수록 우선 구하기	노인보다 젊은이 우선 구하기
1	일본	프랑스	프랑스
2	노르웨이	이스라엘	그리스
3	싱가포르	영국	캐나다
4	덴마크	캐나다	영국
5	핀란드	미국	호주
6	스위스	노르웨이	노르웨이
7	그리스	호주	미국
8	네덜란드	싱가포르	스웨덴
9	**한국**	덴마크	독일
10	독일	스웨덴	에스토니아
11	호주	독일	덴마크
12	영국	스위스	스위스
13	스웨덴	그리스	네덜란드
14	캐나다	에스토니아	이스라엘
15	이스라엘	네덜란드	핀란드
16	미국	핀란드	싱가포르
17	프랑스	**한국**	일본
18	타이완	중국	**한국**
19	에스토니아	타이완	중국
20	중국	일본	타이완

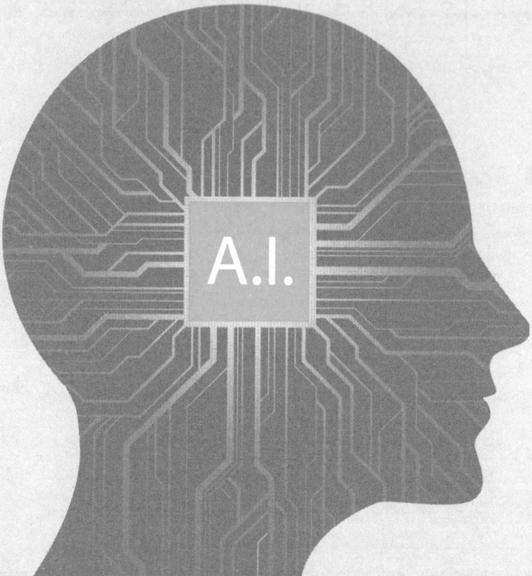

‘인공지능AI’의 문제들은 ‘인간 지능’에서 답을 구하라!

지금까지 모럴 머신이라는 흥미로운 기계 실험의 분석 결과를 통해 AI 자율주행차에 적용될 윤리규범에 있어서의 딜레마 문제를 살펴보았다.

MIT 미디어랩 연구진은 표면적으로 모럴 머신이라는 특이한 설정을 통해 AI 기계의 윤리성을 탐구했으나, 연구진이 의도한 것이든 의도하지 않은 것이든, 이 실험연구 결과의 이면에는 인간의 지능 그리고 지능의 중추인 뇌의 기능과 속성에 대한 탐구에서 발견되는 보편적인 사실 몇 가지가 드러나 있다. 그것들의 특징은 인간 뇌의 단순학습 · 패턴인식 · 식별능력보다는 윤리성 등 의식이나 감정 그리고 성격적 부분과 연관되어 있는 것으로서, 꽤 명확하고 구체적으로 드러나기 때문에 감추거나 부인할 수가 없다는 점이다.

이 연구가 자율주행차라는 기계에 초점을 두고 출발했지만, 예상치 않은 '딜레마와 아이러니'를 발견한 것을 계기로 결국 인간에게로 초점을 옮기면서 해결책 도출과 결론내리는 것을 인간 지능과 뇌에 대한 탐구의 완료시점 이후로 유보시켜 놓은 상황인 듯하다. 딜레마는 '두 가지 길이 있을 때 어느 쪽을 선택해도 바람직한 결과가 나오지 않는 곤란한 상황'을 말하며, 아이러니(역설)는 '올바른 선택이라고 믿고 목표를 향해 나아가지만 어떤 가치를 이루려고 선택한 자신의 판단이 시간이 지나면서 오히려 그 가치에 반하는 결과를 초래함'을 의미한다. 쉽게 말해 딜레마는 '이럴 수도 저럴 수도 없는 것'이고 아이러니는 '앞뒤가 맞지 않는 것'이다. 딜레마는 처음부터 잘못된 선택, 아이러니는 가다 보니 잘못된 선택이다.

지금까지 살펴본 AI 자율주행차의 트롤리 문제에는 딜레마와 아이러니, 두 가지가 다 있다. 사고 상황에서의 순간적 판단기능을 담당한 자율주행차 알고리즘의 윤리규범을 의인화해보자면, 브레이크가 고장 난 상황에서 무작정 직진하여 보행자를 죽음에 이르게 할 수도 없고, 그렇다고 좌회전하여 바리케이드에 충돌함으로써 탑승자 자신의 죽음을 자초할 수도 없는 것이 딜레마다. 그리고 공적 윤리public morality의 관점에서는 보행자를 살리는 것이 옳다고 생각함에도 불구하고 나 자신이 자율주행차의 구매자가 되었을 때는 그런 차를 사지 않는다는 것이 아이러니다.

AI가 아닌 보통의 사람에게 이런 딜레마와 아이러니 상황을 주고 "양자택일하라"거나 "생각과 행동을 일치시키라"고 요구한다면 그야말로 사람으로서 감당하기 쉽지 않은 난제 중 난제가 될 것이다. 그런데 인공지능을 보유했다고 하지만, 사람도 아닌 기계(자율주행차의 AI 알고리즘)에게 이 난제를 맡겼다는 것은 네 살 아이에게 집 짓는 공사를 통째로 맡기는 것과 같다. 사람도 판단과 결행이 어려운 것을 기계가 무슨 수로 해내겠는가.

그렇다면 모럴 머신에게 이토록 판단과 결행이 어려운 '골칫덩이'인 딜레마와 아이러니의 문제를 유발시킨 요인은 무엇일까. 이 요인은 궁극적으로 인공지능의 원판 · 진본이나 다름없는 인간의 지능, 지능의 중추인 뇌의 기능과 속성에서 찾아야 할 것 같다.

그 같은 뇌의 기능과 속성이 대체 무엇인지 다음 대목에서 다루겠지만 미리 요약하여 밝히자면, 나는 '거의 모든 뇌기능이 생득적으로 이기적인 작동원리를 갖고 있기 때문'이라고 본다. 인간 몸의 '관제탑' 격인 뇌는 진화해오면서 생존과 적응을 위해 어쩔 수 없이 그 어떤 딜레마 상황을 맞아도, 그 어떤 역설적인 상황을 맞아도

이 원리를 고수할 수밖에 없었다. 아니 그런 딜레마나 아이러니가 궁극적으로 이기적인 인간 뇌와 지능에 기인한 것일 수도 있다. 그 근거는 유전학, 신경생물학, 사회생물학, 개체선택설, 문화적 진화, 집단선택설 등에 다수 존재하고, 일상 속의 경험적 실험연구에서도 다수 발견 또는 확인되고 있다.

나는 학부에서 심리학을 공부했고, 40대에 이수한 석사과정에서는 교육학을 섭렵하며 여전히 교육심리를 탐구했다. 나이 쉰을 넘겨 입문한 박사과정에서는 임상심리학과 뇌과학, 정신의학을 깊게 공부했다. 10여 년간 심리학 강의실을 드나들면서 흥미로운 심리학 실험에 유독 관심이 많았는데, 통상 윤리문제를 다루는 실험에는 딜레마나 아이러니 상황이 주어지는 것을 많이 보았다. 죄수의 딜레마, 고슴도치 딜레마, 흰곰효과의 아이러니 등 종류가 매우 많다. 이런 이력은 심리학과 전혀 상관없어 보였던 모럴 머신 실험에 뭔가에 홀린 듯 나를 꽂히게 했다. 단순한 흥미나 호기심은 아니다.

AI 자율주행차는 인간이 창조한 현대 문명의 이기와 편의성이 낳은 최고의 결정체라 해도 과언은 아니다. 그런 AI 자율주행차 알고리즘의 윤리적 논쟁에 굳이 끼어든 것은, 논쟁이 다루는 주요 의제들 자체가 AI의 함정에 들어 있는 위험과 잠재적 해악을 일깨워주는 현실적이고 가장 실감나는 방증이기 때문이다.

다소 뜬금없긴 하지만 이제 논의의 방향을 인간 지능과 인간 뇌로 전환하려는 것은 바로 이 같은 배경에서다. 일단 발을 들여놓은 이상 '판도라의 상자'처럼 느껴지는 AI 모럴 머신의 딜레마와 아이러니의 심리학적인 뿌리를 밝히기 위해 10년간 배운 관련 지식과 통찰력을 모두 동원하여 인간 지능과 그 중추인 인간 뇌에 대하여 한껏 그 기저를 파헤칠 것이다.

이렇듯 '별 것 아닌' 뜬금없는 일에 '별 수 없이' 독하게(?) 마음먹은 이유를 굳이 설명하라면, 설명 대신 AI의 함정을 알아보기 위해 뒤적거리다 접하게 된 잊을 수 없는 두 대목을 제시하고 싶다.

우선 서두에서 소개했던 독거 노인 집의 AI 스피커 인형 '아리'와 책 〈AI 시대, 욕망의 미래〉에 나오는 섹스로봇 '하모니'의 대사를 비교해보자. 둘 다 인간들이 입력시킨 인조 대사임은 물론이다.

아리는 혼자 사는 할머니에게 "안아주세요" "보고 싶었어요" 등의 표현으로 애착을 불러일으킨다. 그것이 할머니에게 위안과 희망을 주고 삶의 의욕을 일깨운다. 잠자면서도 인형을 놓지 않는 이유다. 섹스로봇 하모니는 "당신 말고는 원하는 게 없어요. 가장 중요한 목표는 당신에게 좋은 반려자가 되는 것, 좋은 파트너가 되어 당신에게 즐거움과 안락함을 안겨주는 거예요. 다른 무엇보다 당신이 언제나 꿈꾸어왔던 여자가 되고 싶어요"라며 애교를 발산한다.

같은 애교의 대사인데 뉘앙스는 천양지차다. 흥미로운 점은 하모니의 대사 중 '여자'를 '아이'로 바꾸기만 하면 '할머니 지킴이' 아리의 대사로 손색이 없다는 것이다. 옳고 그름의 윤리문제는 아니지만 씁쓸함을 지울 수 없게 한다. 이런 것이 바로 AI의 문제다. 어디에 어떻게 적용하느냐에 따라 사람에게 따뜻함을 줄 수도 있고, 누군가에게는 거부감을 줄 수도 있는, 미묘하면서도 논쟁적인 문제다.

다음은 책 〈AI 시대, 본능의 미래〉의 마지막 부분에 저자 제니 클리먼이 소개했던 영국 총리 처칠의 에세이 '50년 후'의 한 구절이다.

"지난 세대가 꿈도 꾸지 못했던 계획이 우리의 직계 자손을 집어삼킬 것이다. 무시무시하고 파괴적인 힘이 그들의 손안에 들어갈 것이다. 안락함, 활기, 쾌적함, 즐거움이 그들에게 밀어닥치겠지만, 물질적인 것을 넘어서는 통찰력이 없다면 그들의 가슴은 아프고, 삶은 황폐할 것이다."

마치 AI 문명이 고도로 발달한 외계 행성에서 살다가 지구에 불시착한 에일리언의 경고처럼 섬뜩함이 느껴진다.

▮ AI와 인간 ▮

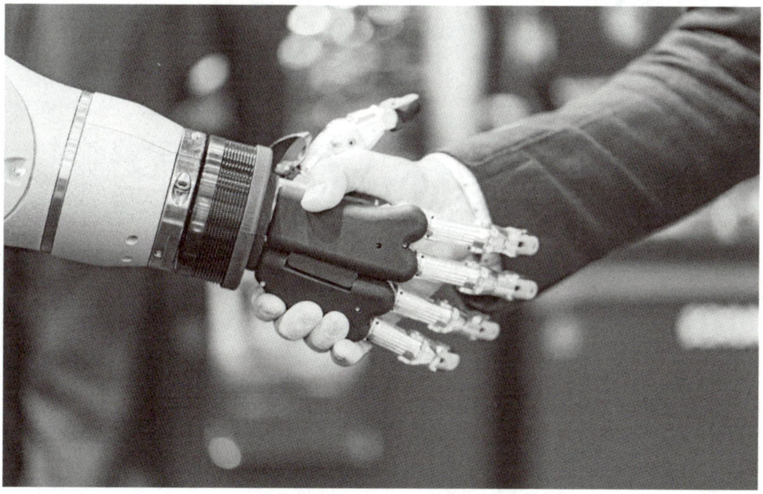

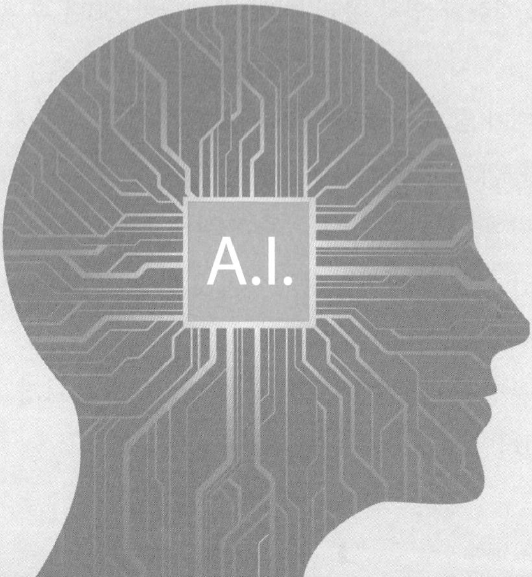

AI는 인간 지능의 짝퉁이지만 인간 수준의 AI는 아직 요원

AI는 인간 뇌의 복제판이다. AI는 인간의 지능을 본떠서 학습, 추론, 지각, 자연언어 이해 등의 능력을 컴퓨터 프로그램으로 실현한 기술이다. 자율주행차에 적용해보면 차량시스템이 특정 또는 모든 조건에서 완전하게 또는 부분적으로, 선택적 또는 비선택적으로 차량을 통제할 수 있도록 알고리즘에 관한 소프트웨어를 짜는 일이다. 궁극적으로 AI의 속성이 뇌와 동일할 수밖에 없는 이유다.

이런 사실은 생각, 판단, 감정, 직관 등 인간의 전유물인 자의식과 자아를 모두 가진 로봇 인간이나 슈퍼컴퓨터가 출현했을 때 완전하게 체감할 수 있을 것이다. 현재는 특정 용도 AI 머신이 대부분으로서 알고리즘과 기본 데이터, 규칙을 사람이 입력해야 하며, 학습은 가능해도 입력된 프로토콜을 벗어난 창조성 구현은 불가능하다. 이에 따라 전자는 스트롱 AI, 후자는 위크 AI로 불린다. 스트롱과 위크 사이에서 인간이 가진 자의식의 하나인 윤리의식을 살짝 넘보다 세계 여론의 도마에 오른 것이 바로 '모럴 머신' 자율주행차다.

현재의 AI 기술로 구현할 수 있는 수준을 뛰어넘는 윤리적 판단의 문제를 훨씬 낮은 수준의 알고리즘과 기본 데이터, 규칙만으로 다루려다 보니 이성도 판단력도 없는 한낱 사이버상의 자율주행차를 놓고 전 세계인들이 투명성, 정의와 공정, 책임, 손해금지, 프라이버시를 둘러싸고 결론도 없는 논쟁을 벌이게 된 것이다.

실제 현실의 뇌과학 기술은 쥐의 뇌구조 일부를 재현하는 정도에 머물고 있다. 1,000억 개가 넘는 인간 뇌신경에 대한 연구는 이제 겨우 시작 단계다. 뇌영상장비 개발자들은 "7.0T(해상도의 단위) MRI(자기공명영상장치)가 개발되어 초고해상도 뇌지도와 뇌신경지도를 만들었다. 뇌 속을 손바닥 보듯 들여다볼 수 있다"고 과대 포장된 선전을 한다. 그러나 그런 지도는 장비 인허가용 시범촬영의 결과물이며, 전문가들에 따르면 초고해상도라 해도 1,000억 개 이상의 뇌신경 구조 · 기능을 일일이 파악하는 데 향후 수십 년은 걸린다.

AI의 모방대상인 인간의 생각, 감정, 의식에 치명적 결함을 부르는 치매 하나도 제대로 정복하지 못한 것이 현실이다. 치매의 발병 원인과 치료법을 연구하는 신경외과 · 정신건강의학과 의사들이 초고해상도 영상을 이용해 뇌신경을 정밀 관찰하는 것은 엄두도 내지 못한다. 뇌 표면 온도에 따라 색깔이 다르게 나타나는 활성화 영상으로 특정 지점의 발병 여부 그리고 지점과 지점 사이의 연계성 정도를 판별하며, 뇌파분석으로 뇌활동상태를 파악하는 정도다.

현재 AI 기술에 활용되고 있는 인공 신경망은 영상인식, 음성인식, 자동제어, 빅데이터, 경영, 의료진단, 추론, 연상 등 분야가 실로 다양하다. 그러나 스트롱 AI 단계에 도달하려면 그보다 훨씬 심층적인 인공 신경망이 수십억 또는 수백억 개는 더 개발되어야 하며, 결국 인체의 신경망, 특히 뇌와 척수 등 중추신경계 연구에서 힌트를 구할 수밖에 없다.

전문가들은 AI와 인간이 정작 인간 수준에서 경쟁하면서 세계의 지배권을 다툴지도 모르는 시점은 아직 요원하다고 보고 있다.

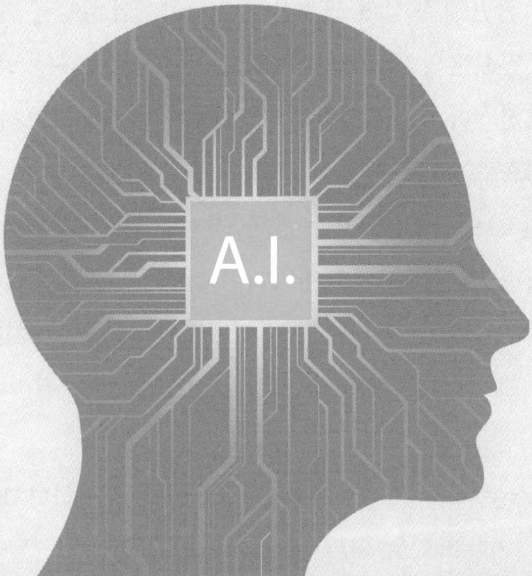

인간, 이기적 유전자 보존을 위해 프로그램을 짜넣은 생존 기계

AI와 관련해 관심이 뜨거운 인간 뇌의 담론에서 빼놓을 수 없는 사람이 진화론의 창시자 다윈의 '재림'이라 불리는 영국 과학자 리처드 도킨스다. 그는 인간을 이기적 유전자를 보호하기 위해 맹목적으로 프로그램을 짜넣은 로봇 기계로 표현했다. 그는 저서 〈이기적 유전자〉에서 "유전자는 생존 기계인 인간의 행동을 직접 제어가 아니라 컴퓨터 프로그래머처럼 간접 제어한다"고 말했다. 인간의 행동은 뇌를 비롯한 인체의 각 기관들이 담당하지만 그 안에 들어앉아 그 기관들이 특정 행동을 하도록 지시를 내린다는 의미이다.

도킨스는 또 뇌가 그 기능상 컴퓨터와 유사하다고 단호하게 주장했다. 기능적으로 뇌는 내장 컴퓨터와 완전히 같은 역할, 즉 데이터 처리, 패턴인식, 단기 및 장기 데이터 축적, 작업 조정의 역할을 한다는 것이다. 그는 "지금(2000년대 중반)의 트랜지스터는 집적회로(IC)로 되어 있어, 하나의 두개골에 집어넣을 수 있는 트랜지스터에 해당하는 물건의 개수는 수십억 개에 이를 수 있다"며 "오늘날 아주 진지한 상대를 제외한 모든 사람에게 이기는 체스 프로그램은 저렴한 가정용 컴퓨터 어디에다 있으며, 세계에서 가장 강한 프로그램은 이윽고 명인에게 도전장을 내밀었다"고 썼다. 1997년 5월 11일 IBM사가 개발한 슈퍼컴퓨터 '딥 블루'가 '체스 챔피언' 개리 카스파로프와 대결하여 인간을 이긴 사건을 두고 한 말이다.

바둑 챔피언 이세돌 9단과 구글이 개발한 AI 바둑기사 '알파고'의 대결에 훨씬 앞서 AI는 서양장기라 불리는 체스에서 이미 인간을 꺾었다. 〈이기적 유전자〉를 쓴 1976년에 20~30년 후 벌어질

일들을 족집게처럼 짚어낸 것이니 과학자로서 참으로 놀라운 통찰력이다.

도킨스가 묘사하는 인간 유전자의 세계는 비정한 경쟁, 끊임없는 이기적 이용 그리고 속임수로 가득 차 있다. 그에 따르면 유전자는 유전자 자체를 유지하려는 목적 때문에 원래 이기적이며, 생물의 몸을 빌려 현재에 이르고 있다. 또한 동물의 이기적 행동은 "경쟁이 심한 집단에서 환경에 적응한 개체가 살아남아 자손을 이어간다"는 진화론의 자연선택 원리에 따른 것이며, 이타적 행동을 보이는 것도 오직 이기적 유전자를 남기기 위한 목적이다.

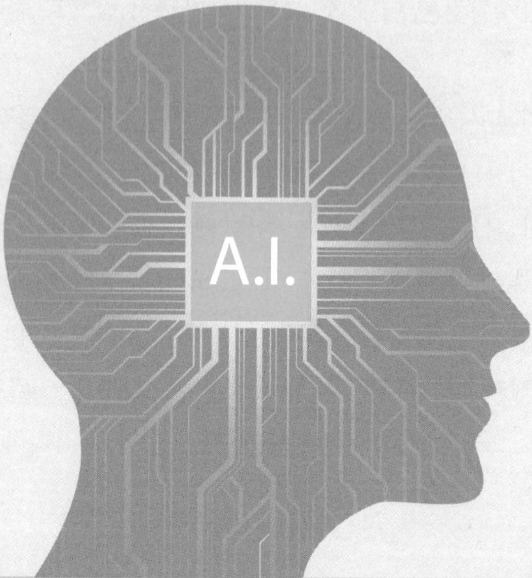

AI의 함정과 이기적인 뇌

생존경쟁에 유리한 생물학점 이점과 모럴 머신의 딜레마

#1. 뇌의 이기적인 속성이란 구체적으로 무엇을 말하는가

도킨스에 따르면 뇌가 이기적이라는 것은 뇌들이 속한 집단에서 특정한 뇌가 집단 내에 자기와 동일한 뇌의 생존을 증진시키는 생물학적 이점을 갖는다는 말이다. 생물학적 이점이란 강력한 심리적 매력을 말하며, 이는 뇌에 작용하는 매력이고 자연선택(동종 생물의 개체 사이에 일어나는 생존경쟁에서 환경에 적응한 것이 생존하여 자손을 남기는 일)의 영향을 받는다. 이는 진화의 법칙으로, 모방 본능을 가진 유전자를 매개체로 횡적 확산 및 대물림 형태를 띤다.

그런데 도킨스는 진화를 설명하기 위해 다른 모든 동물들, 인체 중 뇌를 제외한 나머지 기관에는 개체와 개체 간 복제 · 모방의 단위로 유전자와 DNA(유전자의 본체)를 사용하지만, 유독 인간 뇌에 대해서는 완전히 다른 복제 · 모방의 단위를 제시한다. 바로 밈meme이다. 그리스어 미멤mimeme(모방)에 진gene(유전자)을 더해 만든 말이다. 신체적 유전을 넘어 종교 · 사상 · 문화 같은 정신적 사유활동까지 유전되고 전파되는 현상을 가리킨다.

도킨스는 유전자가 정자나 난자를 운반자로 하여 이 몸에서 저 몸으로 뛰어다니는 것과 같이, 밈도 뇌에서 뇌로 건너다닌다고 했다. 예를 들면 논문이나 강연 내용의 전파, 요즘 SNS에서 유행을 타고 멀리 퍼지는 문화소비현상(인터넷 밈) 등이다. 과학자인 그는 밈을 비유로서가 아니라 살아있는 구조로 간주했다. 그러면서 인간의 문화 환경에서 높은 생존가치 · 감염력을 가진 밈의 예로 신에 대한 관념을 제시한다. 밈의 형태로만 실재하는 신의 생존가치는 밈의 영역인 뇌와 뇌 사이에서 안정성과 침투력을 발휘하는데,

마음을 괴롭히는 여러 의문에 표면상 그럴듯한 답을 주고, 받는 사람에게는 상상을 통해 효력이 발생한다고 했다. 동료들로부터 논점을 회피한다는 비판을 받긴 하지만 인간이 현재의 뇌를 가짐으로써 우리에게 유전적 이득이 있을 것이라는 견해를 굽히지 않았다. 진화론에 근거해 연구하는 과학자로서 신앙을 비과학적인 것으로 치부하지 않고 과학적 토대 위에서 근거를 통해 점잖게 인정하는 것은 나로서는 처음 보는 듯하다.

밈을 단순한 비유가 아닌 살아 있는 구조로 간주했던 도킨스의 태도에서 알 수 있듯이 '이기적 유전자(밈)'나 '이기적인 뇌'는 억지로 만든 가상의 개념이 아니다. 앞서 도킨스는 "유전자가 이 몸에서 저 몸으로 뛰어다니듯이 밈도 뇌에서 뇌로 건너다닌다"고 했다. 진화 역사에서 치열한 생존경쟁을 통과하였고 현재에도 집단 내에 자기와 동일한 뇌의 생존을 증진시키는 데 매우 바쁘다는 것이다.

이기적 유전자와 뇌의 성향이 실재함을 보여주는 방증이 있다. '이기적'이란 영어 단어 'selfish'를 똑같이 썼지만 정반대의 기능을 하는 유전자가 있는데, 사람이 가진 23개 염색체 중 8번 염색체다. 유전자나 뇌의 생존을 증진시키는 것이 아니라 오히려 증진에 방해가 된다. 그런데도 자연선택에서 살아남은 이유는 워낙 탁월한 복제능력 덕분이다. 한마디로 '인해전술'로 아직 명맥을 유지하고 있는 것이다.

유전학 전문서 〈게놈: 23장에 담긴 인간의 자서전〉의 저자 매트 리들리는 8번 염색체를 '쓰레기 DNA(유전자의 본체)' 또는 '이기적 DNA'라고 명명했다. 인체에 아무 쓸모가 없으며 오히려 귀찮고 위협적인 탓이다. 이는 에이즈AIDS 바이러스가 자신의 게놈을 사람의

DNA 속에 통합시킬 때 쓰이는 단백질을 만들어낸다.

#2. 모럴 머신 트롤리 딜레마 문제의 역설은 정말로 역설인가

앞서 나는 "거의 모든 뇌기능이 생득적으로 이기적 작동원리를 갖고 있으며 앞선 모럴 머신 실험에서 확인되었듯 그 어떤 딜레마나 역설적 상황에서도 뇌는 이를 고수한다"고 했다. 정말 그럴까.

도킨스의 '이기적 유전자' 개념에 입각하여 AI 자율주행차의 트롤리 딜레마 문제를 정의해보자. 과학자인 도킨스가 오로지 인간 뇌에 대해서만 DNA를 대체하는 복제 · 모방의 단위로 제시했던 '밈meme'이 가장 먼저 떠오른다.

AI 자율주행차의 트롤리 딜레마 문제만 놓고 볼 때, 도킨스가 제시한 밈들이 개체 간 상호작용에서 추구하는 생물학적 이점, 즉 심리적 매력이란 무엇일까. 우리는 어렵지 않게 그 해답이 자신의 생존과 안전을 우선시하는 밈의 속성이라고 짚어낼 수 있다. 자기와 동일한 (이기적 속성을 가진) 뇌의 생존을 증진시키기 위한다면 생존과 안전을 지키는 것은 기본 중의 기본이기 때문이다.

모럴 머신의 실험에서 표면상 딜레마와 아이러니의 형태로 나타났을 뿐이지, 이 현상을 오랜 진화론 역사의 관점에서 보자면 너무나 당연하고 당위적인 법칙, 즉 자연선택이 작용한 결과물인 것이다. "인간은 유전자의 복제 욕구를 수행하는 이기적인 생존 기계이다"라는 단 한 개의 문장에 모든 답이 담겨져 있는 셈이다.

이 실험에서 MIT 연구진은 "공적 윤리public morality의 관점에서는 보행자를 살리는 것이 옳다고 생각함에도 불구하고 나 자신이 자율주행차의 구매자가 되었을 때는 그런 차를 사지 않는다는 모순을 드러낸다"며 이를 '아이러니(역설)'라고 표현했다.

그런데 도킨스의 관점에서 보면 전혀 역설이 아닌 셈이다. 수만 년 인류사를 관통하여 도도하게 흘러온 진화의 법칙(자연선택)이 예외 없이 (집단에 자기와 동일한 뇌의 생존을 증진시키고자 하는) 많은 사람들의 의사표시 방향성을 정해준 일에 다름 아닌 것이다. 내가 "뇌기능이 생득적으로 이기적 작동원리를 갖고 있다"고 주장한 것은 바로 이런 도킨스의 이론을 밑바탕에 깔고 있기 때문이다.

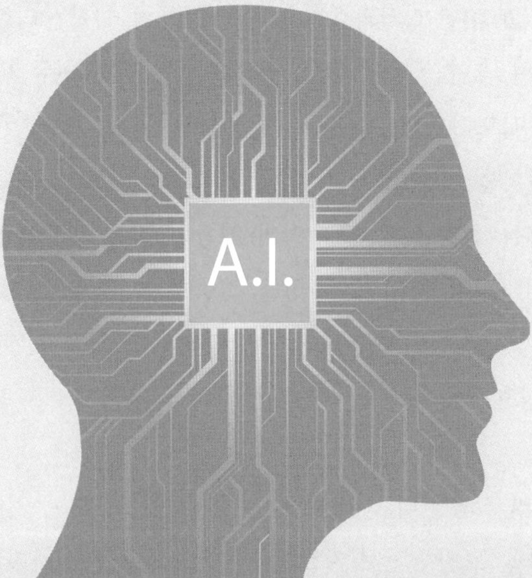

이기적 뇌 작동! 검증 위해 모럴 머신처럼 실험에 뛰어들다

나는 2018년 C의과대학교 일반대학원 임상심리학 박사과정에 입학하여, 2년간 이기적인 뇌의 속성을 검증하는 의미 있는 기억 실험을 시도하였다. 많은 시간, 많은 참가자, 많은 비용을 들였다. 기억 실험을 택한 것은 기억이 뇌의 가장 중요한 기능 중 하나이기 때문이다. 실험을 통해 기억의 기능과 작동원리를 깊게 관찰해보면 뇌가 가진 '이기적' 속성을 검증해낼 수 있을 것이라고 생각했다. 여기에서 이기적 속성이란 당연히 도킨스가 말한 '밈들이 개체 간 상호작용에서 추구하는 생물학적 이점'으로서 뇌기능의 속성이다.

기억의 작동원리 중에서 이에 해당하는 것이 무엇이 있을까. 오랜 시간을 고민하면서 자료를 찾아 모으고 분석하다가 '기억의 변형'이란 개념을 접하게 되었다. 미국 페퍼다인대학 임상심리학 교수인 루이 코졸리노의 저서 〈정신치료의 신경과학, 사회적인 뇌 치유하기〉를 읽다가 단 한쪽 분량의 이 소재가 눈에 확 들어왔다.

이에 따르면 기억이 실험실 상황에서 심어질 수 있다는 것이 연구를 통해 증명되었고, 실험 참가자는 거짓 기억이 진짜 과거에 있었던 사건인 듯 금방 확신하게 되었다(Ceci & Bruch, 1993; Loftus, Milo & Paddock, 1995). 코졸리노는 "기억이 신경세포 사이에서 그리고 신경망 내에서 형성된다는 것을 고려하면, 기억의 변형은 이런 신경계가 가진 형성력plasticity에 대한 관찰 가능한 증거다. 정신치료의 측면에서 본다면 이런 형성력은 파괴적인 기억을 변화시킬 수 있는 지름길을 제공해준다. 과거 이야기를 창조적 · 긍정적 방식으로 다시 고쳐 쓸 수 있도록 해주기 때문이다"라고 했다.

종합하면 '기억의 변형'이 불러올 '생물학적 이점'이 있는데, 이는 끔찍하고 고통스러운 과거 기억(스토리)을 긍정적으로 바꿈으로써 우울 · 불안 · 공포 등 부정적 정서에서 벗어날 수 있다는 점이다. 윤리 차원에서는 진실을 왜곡하는 것이지만 '자연선택'의 관점에서 보면 뇌의 생존을 증진시키는 것이 분명하다. 이기적인 뇌의 속성이다.

다음은 어떤 참가자들을 대상으로, 어떤 성격의 기억을 살펴보느냐가 문제였다. 뚜렷한 기억변경효과를 확인하려면 실험대상은 고통스런 과거 스토리를 가졌을 가능성이 높은 집단이어야 하고, 실험에서 검증할 기억은 과거 스토리의 변경으로 인해 정신치료 측면에서 치유효과를 쉽게 얻을 수 있는 종류의 것을 선택하여야 했다.

이런 전제하에 또 오랜 시간 궁리한 끝에 실험대상은 결혼이주여성 집단을, 검증대상 기억은 감정기억과 트라우마 기억으로 정했다. 한국에서 '이방인' 취급을 받는 결혼이주여성들은 사회적 차별과 무시를 당하는 집단이며, 감정기억과 트라우마 기억은 말로 뚜렷하게 표현되지 않는 암묵기억으로 부정정서를 초래하는 주요인이다.

#1. 무의식에 잠복해 있는 악성기억, 변경 가능할까

기억을 다루어 히스테리 내담자나 정신질환자를 치료했던 원조는 정신분석 창시자인 지그문트 프로이트다. 그는 1885년 이후 최면과 연상기법 등을 통해 많은 환자를 치료하면서 신체증상으로 발현되는 실체로서의 무의식의 개념을 정립하였다. 그가 주목했던 기억은 6하 원칙의 언어로 이루어진 의식 속의 외현기억이 아니라 공포, 분노, 절망, 갈망, 질투 등 오로지 감정만을 매개로 무의식에 잠복해 있는 암묵기억, 즉 감정기억과 트라우마 기억(감정기억보다 병리적이며, 훨씬 더 압도적이고 견고하다)이다.

트라우마 기억은 자연재해나 사고, 전쟁, 납치, 고문, 강제수용, 신체적 · 성적 학대 등에서 비롯되고 감정기억은 구타와 따돌림, 언어폭력에 의한 대인관계의 깊은 상처, 일상의 불쾌한 경험 등에서 유발된다. 정도의 차이는 있지만 누구나 이런 기억들을 갖고 있다. 이런 악성기억들이 너무 강렬하여 의식으로 올라오면 전문가 치료가 필요한데, 많은 사람들은 강한 멘탈과 자신이 보유한 대인관계 보호자원들을 통해 이들을 무의식에 가둬둔 채 건강하게 살아간다.

프로이트는 이런 악성기억들을 히스테리나 정신질환을 유발하는 원인으로 지목하면서 "환자가 그 사건을 최대한 상세히 설명하고 그 기억으로 나타난 영향을 말로 설명할 수 있게 되면 (트라우마와 감정기억은) 영원히 사라진다"고 했다. 악성기억을 말로 설명한다는 것은 무의식에 가라앉아 있는 상태에서 의식으로 끌어올린다는 의미다. 정신치료에 필수적인 이 프로세스에서 그는 최면과 연상기법 등을 동원하여 많은 환자들의 고통을 덜어주었다. 개념 정립과 치료방법의 선택까지 오로지 자신의 직관과 경험에 의존하였지만, 그가 제시한 무의식의 개념과 그에 따른 치료법은 오늘날까지도 많은 정신의학자와 심리학자들로부터 타당성과 효율성을 인정받고 있다.

프로이트의 가장 큰 업적은 베일에 싸인 무의식, 그에 의해 추동

되는 암묵기억을 과학이 아닌 직관을 통해 밝혀내고, '밈'이 조합해내는 뇌의 속성인 '기억의 이기적 작동원리'를 규명했다는 점이다. 물론 프로이트가 '이기적인 뇌'라는 표현을 쓰지 않았지만, '신에 대한 관념'이 밈의 한 가지 형태인 것처럼, 도킨스의 관점에서 보면 프로이트가 규명한 무의식과 무의식에 잠복해 있는 감정기억, 트라우마 기억 등의 암묵기억은 밈의 또 다른 형태가 분명해 보인다.

#2. 긍정적으로 바꾸어 말하면 과연 기억이 변형될까

실험의 주제는 100여년 전 프로이트가 말한 대로 과연 "환자가 그 사건을 최대한 상세히 설명하고 그 기억으로 나타난 영향을 말로 설명할 수 있게 되면 트라우마 기억, 감정기억이 사라지는가?" 였다. 이론적 배경을 알고자 국내외 관련 논문을 검토한 결과, 보통 이 같은 기억 실험은 미국에서는 1960년대 베트남전 참전용사들, 한국에서는 인권과 정치적 사건에서의 고문피해자들이 연구대상이었다.

나는 한국사회에서 최약자 계층의 한 축으로 분류되는 결혼이주여성들을 연구대상으로 선택하였다. 그들은 사실상 정신치료나 심리상담의 사각지대에서 스트레스로 인한 신경증이나 트라우마를 그대로 떠안고 살아가는 취약한 존재들이다. 그들 대다수가 처해 있는 경제적 · 사회적 · 문화적 여건은 매우 열악하며, 극복이 어려운 언어 장벽과 이질적 문화 정체성으로 인해 기존 한국사회에서 자리를 잡은 정신의학 치료나 상담기법을 적용하는 것도 결코 쉽지 않다.

2014년부터 현재까지 성남외국인센터에서 아시아 출신 결혼이주여성들의 고입 · 대입 검정고시 합격을 돕기 위해 국어 · 영어를 가르쳐주고 틈틈이 그들 가정과 자녀교육에 관련된 개인상담을 했는데, 한국에 오기까지 험난하지 않았던 사람이 없고 한국에 와서도 무시당하지 않고 순탄하고 넉넉하게 살아가는 사람은 거의 없었다.

이에 따라 결혼이주여성들의 감정기억(트라우마 기억과 달리 병리적이지 않으며 덜 압도적이고 견고하다) 변화를 알아보기 위해 '부정적인 한국 경험을 긍정적으로 바꾸어 말하기'라는 단순하고 원초적인 실험을 설계하였다. '긍정적으로 바꾸어 말하기'는 1990년대 호주에서 가족치료의 대표모델로 각광받았던 '내러티브 테라피Narrative therapy'의 기본발상과 연결된 기법으로, 부정적 경험이나 정신적 외상(외부요인으로 큰 정신적 충격을 받은 사건)에 대해 수용적 · 희망적이면서도 자기성장에 책임감을 주는 표현들로 재구성하여 말하는 것을 뜻한다. 구체적으로 과거의 사실을 조작 · 왜곡하거나 경험의 내용을 변조 · 첨삭하여 가공의 이야기를 만들지 않으면서, 자신의 실제 경험과 그 당시 받았던 인상을 되살려 사실은 유지하되 최대한 긍정적인 느낌으로 바꾸어 다시 말하는 것이다.

실험연구의 전형대로 실험집단과 대조집단을 비교했다. (부정적인 한국 경험을) 긍정적으로 바꾸어 말한 집단과 (바꾸어 말하기 없이) 그저 단순반복으로 말한 집단 간에 감정기억의 변화 양상을 비교한 것이다. 결혼이주여성들이 한국에서 보편적으로 겪는 각종 차별에 의해 가장 쉽게 유발되는 분노 감정에 정량적 측정의 초점을 맞추었고, 측정수단은 미국에서 개발된 '노이즈 블래스트Noise-Blast'란 오락게임이었다.

▌ 결혼이주여성 대상의 기억 변형 컴퓨터게임 실험 장면 ▌

#3. 심리학 실험에서 기억 변형이 검증된 외국 사례들

긍정적으로 바꾸어 말하기retelling는 내러티브 테라피의 기본발상과 연결된 기법으로, 부정적 경험이나 정신적 외상사건에 대해 수용적 · 희망적이면서도 자기 성장에 책임감을 주는 표현들로 재구성하여 말하는 것을 의미한다(Tversky, B. & Marsh, J., 2000). 구체적으로는 과거의 사실을 조작 · 왜곡하거나 경험의 내용을 의도적으로 변조 · 첨삭하여 가공의 이야기를 만들지 않으면서도, 자신의 실제 경험과 그 당시 받았던 인상을 되살려서 사실은 유지하되 최대한 긍정적인 느낌으로 바꾸어 다시 말하는 것이다.

자기의 과거의 경험에 대해 반복해서 말하는 것이나 의도와 상관없이 기억을 바꾸어 말하는 것은 일상적으로 이루어지는데, 같은 기억을 떠올리는 것이라 해도 말한 내용이 매번 똑같지는 않다. 트버스키와 마쉬(2004)는 대학생을 대상으로 4주간 같은 사건을 반복하여 말하게 한 결과, 말하는 대상에 따라 55%, 말하는 목적에 따라 16%가 달라짐을 확인하였다. 사건 자체의 진위를 조작하거나 내용을 첨삭하지 않더라도 여러 요인으로 말하는 내용이 변화될 수 있다는 것이다.

바꾸어 말하기 중에서도 긍정은 부정으로, 부정은 긍정으로 바꾸는 식으로 모양새나 개념 또는 분위기를 정반대로 변화시키는 것을 '전환적 바꾸어 말하기biased retelling'라고 하며, 통상적인 전환적 바꾸어 말하기는 부정적 경험을 긍정적으로 바꾸어 말하는 것을 의미한다(Marsh, J. & Tversky, B., 2004).

상담에서 바꾸어 말하기는 인지와 기억의 편향성을 응용하여 내담자의 자동적 사고나 부정적인 인지 도식 등을 수정하기 위해 도입되었는데, 앞선 외국 연구들의 결과로 미루어 볼 때, 부정적 경험에 연관된 기억들을 긍정적으로 바꾸어 말하고 써보는 것에 의해서 기억의 일관성과 정확성은 물론 그 감정적인 측면까지 변화될 수 있을 것으로 추정된다(Beike, D. R. & Wirth-Beaumont, E. T., 2005; Tversky, B. & Marsh, E. J., 2000).

원래 바꾸어 말하는 것Retelling에 대한 연구는 '2~7세 어린이의 이야기 바꾸어서 말하기'(Brown, A. L., 1975), '요인 암살과 같은 강력사건의 섬광기억flashbulb memory 연구: 리허설과 바꾸어 말하기'(Brown, R. & Kulik, J., 1977) 그리고 내러티브 테라피(White, M. & Epston, D., 1990)에서 시작되었다.

바꾸어 말하기 실험의 주된 소재는 섬광기억처럼 매우 강력한 감정이나 인상을 불러일으키는 사건들로, 세상을 뒤흔든 초대형 테러나 대통령 암살 등이었다(Brown, R. & Kulik, J., 1977). 그런데 개인의 생애에서 강력한 인상이나 감정을 촉발시키는 사건은 의의가 매우 깊고, 기억에서 쉽게 지워지지 않는 것들이라 할 수 있다. 바꾸어 말하기의 소재가 주로 섬광기억이나 감정기억이 된 것은 내러티브 테라피의 기본적 발상과 연결된다. 과거 사건에 대한 바꾸어 말하기로 인지 도식(패턴)을 재구성하는 것이다.

하이만(1994)은 말이 오가는 사회적 상황, 보다 구체적으로는 말하는 대상에 의해 말로 전달되는 정보에 변화가 생기는 것을 확인하였다. 이 실험에서 학생 참가자는 연구자 또는 동료 학생 참가자에게 전에 읽었던 짧은 이야기를 바꾸어 말하도록 주문을 받았다. 그 결과 연구자에게 바꾸어 말한 참가자는 동료 학생들끼리 바꾸어 말한 참가자와 비교해서 이야기에 포함된 정확한 정보가 유의미하게 많았고, 이에 반해 동료 학생들끼리 바꾸어 말한 참가자는 연구자에게 바꾸어 말한 참가자보다도 이야기 속에 포함된 개인적 인상과 평가 수가 유의미하게 많았다.

원래 이야기를 맥락에 따라 바꾸어 쓰는 것도 기억의 내용에 영향을 미쳤다. 트버스키와 마쉬(2000)의 실험에서 대학생 참가자들은 1단계에서 기숙사 룸메이트의 장점인 사교성과 단점인 민폐성 행동에 대한 문장을 본 후 각기 세 집단에 배치되었다. 그리고 2단계에서 글쓰기 형태의 바꾸어 말하기Retelling 실험을 했다. 제1집단은 룸메이트가 원하는 모임에 추천장을, 제2집단은 기숙사 사무실에 룸메이트를 바꿔달라고 하는 민원을, 제3집단은 처음에 들은 룸메이트에 대한 설명을 단순히 재생하는 글을 쓰도록 하였다. 최종 3단계에서는 세 집단 모두 처음에 접한 룸메이트에 대한 내용만을 단순 재생하도록 하였다. 참가자들의 의도적인 기억 리허설로 실험 타당도가 낮아지는 것을 막으려고 2단계 직전에 2분간 삽입문제를, 3단계 직전에 20분간 삽입문제를 풀게 했는데, 최종 3단계에서 제1집단은 룸메이트의 사교성을, 제2집단은 룸메이트의 민폐성 행동을 더 많이 상기하였다.

두두코비치 등(2004)은 1단계에서 어떤 바에서 3주간에 걸쳐 일어나는 이야기를 참가자들에게 읽게 한 직후 리허설 방해과제를 실시하고, 2단계에서 제1집단(⅓)은 듣는 사람에게 가능하면 즐겁게 이야기하도록 하고, 제2집단(⅓)은 원래대로 정확하게 말하도록 하며, 제3집단(⅓)은 바꾸어 말하기를 하지 않았다. 2일 후 3단계에서 제1집단은 2단계에서 했던 대로 긍정적인 바꾸어 말하기를 한 번 더 실시했다. 또 2일 후 4단계에서 모든 집단에게 1단계에서 읽은 원래 이야기를 가능한 똑같이 재생하도록 했다. 그 결과 2, 3단계에서 두 번 정확히 재생한 집단이 바꾸어 말한 집단보다 유의하게 많은 일을 정확하고 상세하게 기억하였으나 사건을 보다 객관적이고 비판적인 시각으로 바라보는 것으로 평가받았다. 바꾸어 말한 집단은 과장된 표현이 다소 많았으나 사건을 긍정적인 맥락으로 이해하는 것으로 분석되었다.

이처럼 바꾸어 말하는 목적에 따라 말하는 사람이 후에 기억하는 내용도 달라지는 것으로 나타났다. 바꾸어 말하기 중에서도 부정적인 경험을 바꾸어 말하는 것은 종종 일어나는데, 지금까지의 연구 결과, 일상생활 속에서 부정적인 경험을 긍정적으로 바꾸어 말하는 것은 그 반대의 경우와 빈도가 같은 것으로 확인되었다.

부정적인 경험을 긍정적으로 바꾸어 말하기는 비교적 단순한 실험실 연구들 외에 치료적인 의의를 갖는 임상연구들도 많다. 내러티브 테라피 연구의 초기에 화이트와 엡스톤(1990)이 다루었던 '부정적인 접근negative approach'의 개념과 그것의 변형인 글쓰기 요법(King, L. A. & Miner, K. N., 2000)이 대표적인 사례이다.

글쓰기 요법에서 참가자들은 자신의 트라우마와 상실 체험을 다음과 같은 4가지로 쓰도록 주문받았다. 제1집단은 트라우마 경험 자체만, 제2집단은 트라우마 경험에 더하여 경험에 의한 자기 성장과 긍정적인 측면까지, 제3집단은 트라우마 경험의 효용 자체만, 제4집단은 다음날 스케줄과 자신의 구두에 대해서 쓰도록 한 것이다. 그 결과 제2집단은 긍정적인 감정과 표현, 자신의 트라우마에 대해서 인지적인 통찰을 나타내는 표현을 다른 집단보다도 많이 사용했다. 또 3개월 후에는 제4집단을 뺀 3개의 집단에서 글쓰기 처치 전에 비해 병원에 가는 일이 유의미하게 낮아졌다. 킹과 마이너(2000)는 이 실험을 통해 트라우마에 대한 글쓰기가 장기적으로 인지의 전환을 초래하여 대상자의 정신건강을 호전시킨다는 것을 확인하였다. 이보다 앞선 페너베이커와 프란시스(1996)의 임상연구에서도 같은 결과를 얻었다.

쉬미트(2004)는 초강력 사건에 대한 섬광기억flashbulb memory 연구에서 기억의 핵심적인 요소와 지엽적인 요소는 다른 변화를 보인다고 가정하고 구조 요인의 검토를 실시하였다. 그는 미국 대학생에게 9.11테러사건 기억에 대해서 2개월 간격을 두고 두 번에 걸쳐 상기하도록 하였다. 학생들에게 섬광기억의 핵심적인 요소로 간주되는 것들, 즉 정보를 습득한 장소, 정보제공자, 정보습득 후 활동 등(Brown, R. & Kulik, J., 1977)과 지엽적인 요소로 간주되는 것들, 즉 그날의 복장, 식사 등을 기입하도록 요구하였다. 그 결과 핵심적인 요소의 기억은 2개월이 지나도 일관되게 유지되는 데 반해 지엽적인 요소의 기억에 대한 일관성은 상대적으로 감소함을 확인하였다.

#4. 기억의 변형! 차이나타운과 골목시장에서 검증하다

이 실험을 위해 나는 서울 대림동 차이나타운과 성남 중앙시장을 6개월간이나 누비고 다녔다. 무더웠던 2019년 여름, 실험 보조원인 중국인 유학생들과 오락게임용의 무거운 노트북 대여섯 대와 전기연결선을 메고 마치 봇짐장수처럼 땀을 뻘뻘 흘리며 뛰어다녔다. 1985년, 대학의 심리학과에 입학해 처음 접했던 프로이트의 정신분석과 그로부터 제기된 오묘한 기억의 화두! 그걸 풀기 위해서였다. 무엇보다 그 많은 외국의 실험의 사례에서 이미 기억의 변형이 검증되었다는 사실이 나에게 큰 용기와 안도감을 안겨주었다.

이 실험에는 중국인 결혼이주여성 76명이 참가하였으며, 최종적으로 70명의 자료가 통계적 분석(반복측정 분석법)에 활용되었다. 1~4단계로 진행된 이 실험의 단계별 시간 간격은 2주였다. 1단계는 실험처치 전 단계, 4단계는 실험처치 후 단계 그리고 2~3단계가 바로 실험처치 단계였다. 실험처치 단계(2~3단계)에서 실험집단(35명)에는 실험처치(긍정적으로 바꾸어 말하기)를 시행했는데, 부정적 한국 경험의 5가지 소재, 즉 ① 차별과 장벽, ② 남편과 시댁, ③ 자녀와 교육, ④ 환경과 건강, ⑤ 취업과 생계 관련 부정적 경험에 대해 긍정적으로 바꾸어 말하기를 실시했다. 실험처치 단계(2~3단계)에서 대조집단(35명)은 (바꾸어 말하기 없이) 단순반복으로 말하기를 실시하였다. 처치 전(1단계)과 처치 후(4단계)는 두 집단 모두 5개 소재별로 부정적 경험을 기억나는 그대로 말하거나 써보는 방식인 단순반복으로 말하기를 하였다. 5개의 소재는 정부 정책보고서와 학술논문 분석을 통한 75개 키워드 후보군 선정 및 유목화를 거쳐 압축된 24개 키워드에 대해 실험 참가자로부터 유발된 부정정서를 설문지 형태의 평가표(7점 척도)를 이용하여 측정한 뒤 평가점수 순으로 확정하였다.

그리고 정량적인 측정의 초점으로서, 결혼이주여성의 분노 감정 수준 파악을 위해 분노와 가장 상관도가 높고 상호적 작동기제에서 불가분의 관계를 가진 것으로 확인된 공격성 변인을 측정하기로 하고, 노이즈 블래스트Noise-Blast 공격성 게임을 채택하였다.

각 단계마다 참가자들은 바꾸어 말하기(실험집단)나 단순반복으로 말한(대조집단) 뒤 사후 공격성 측정을 위해 노이즈 블래스트 게임을 실시하였다. 참가자는 매번 승부마다 불쾌자극인 비명(소음)을 듣거나 상대방에 이를 벌로 가하는데, 실제 상대방은 없고 승패 판정과 패배 시에 듣는 소음크기와 소음 지속시간(분노 · 공격성의 게이지)은 게임의 프로그램에 사전 입력되어 있다. 참가자는 매번 자신의 승리를 가정하여 상대방에 벌로 가할 소음크기와 소음 지속시간(분노 · 공격성의 게이지)을 게임 화면에 직접 세팅하는데, 이 두 수치가 분노를 구체적으로 나타내주는 게임의 핵심 지표이다. 분노 발산에 의한 카타르시스 효과를 추구했던 이 게임의 개발자는 이른바 '분노수압모델'을 고안했던 미국 심리학자 브래드 부시맨이다.

▌노이즈 블래스트(Noise-Blast) PC게임의 화면▐

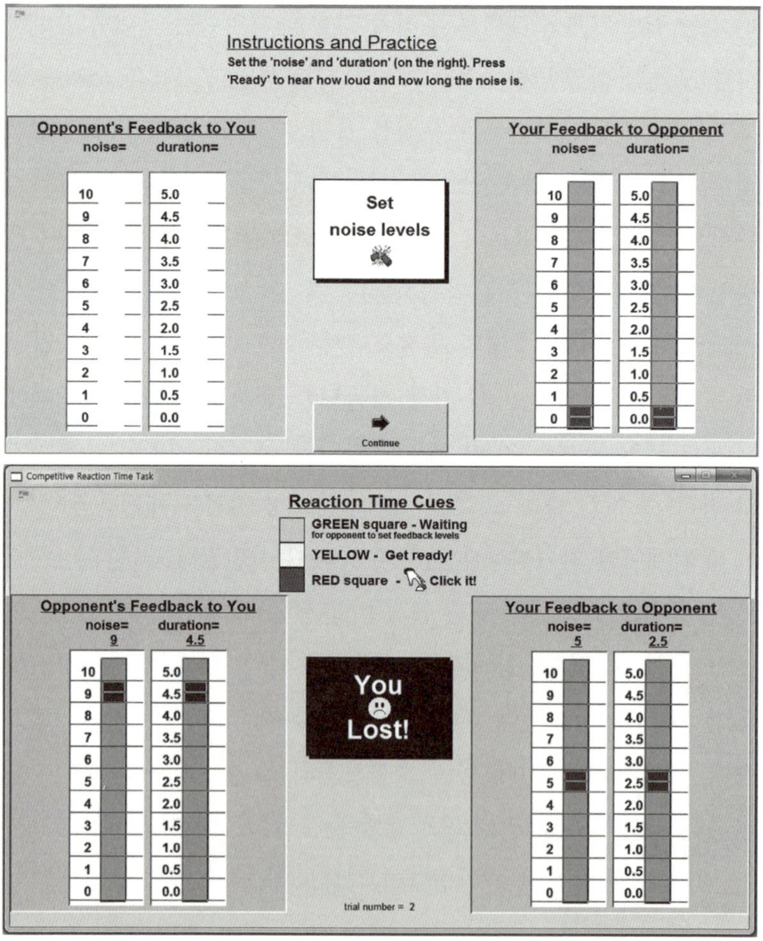

해설 매번 승부에서 지면 불쾌자극인 비명(소음)을 듣고 이기면 상대방에 이를 벌로 가한다. 실제 상대방은 없고 승패 판정과 졌을 때 듣는 소음크기 및 지속시간은 게임의 프로그램에 사전 입력되어 있다. 매번 자신의 승리를 가정하여 상대방에 벌로 가할 소음크기(상단 왼쪽) 및 지속시간(상단 오른쪽)을 화면에 직접 세팅하는데, 이 두 수치가 분노 수준을 나타내는 지표다. 하단 화면은 상대방이 세팅한 수치가 더 높아 패배한 것을 보여주고 있다.

이 실험연구의 결과는 다음과 같이 요약된다.

실험집단은 2~3단계에서 긍정적으로 바꾸어 말하기 후, 첫 단계와 마지막 4단계에서는 대조집단과 똑같이 단순반복으로 말하기 후, 각각 컴퓨터게임으로써 분노 게이지를 측정했다. 반면 대조집단은 모든 단계에서 단순반복으로 말하기 후, 단계마다 컴퓨터게임으로써 분노 게이지를 측정했다. 단계 간 인터벌은 2주였다.

말하기의 방법이 처음으로 달라진 2단계에서는 실험집단과 대조집단 간에 분노 게이지 눈금에 큰 차이가 나타나지 않았다. 그러나 3단계에서 두 집단의 분노 수치가 점점 격차를 보이기 시작했다. 마지막 4단계에서는 큰 격차로 벌어졌다. 긍정적으로 바꾸어 말하기의 효과가 두 집단 간 분노 수치의 격차를 통해 입증된 것이다.

특히 실험집단에 대해 마지막 4단계에서 대조집단과 똑같이 단순반복으로 말하기를 주문해서 직전 한 달간 실시한 긍정적으로 바꾸어 말하기의 효과가 기억체계에서 유지되는지를 분노 게이지 수치를 통해 알아보았는데, 놀랍게도 유지된다는 실험 결과를 얻었다.

신기하게도 이야기 소재별로 분노 게이지의 수치도 다르게 나타났다. 다시 말해 '차별과 장벽'이나 '남편과 시댁'처럼 결혼이주여성들에게 매우 강한 스트레스 인자들은 긍정적으로 바꾸어 말하여도 분노 게이지 수치가 좀처럼 떨어지지 않았고, 이들이 한국에 들어옴으로써 자신들의 모국보다는 좋은 조건을 부여받은 '환경과 건강' 문제에 대해서는 분노 게이지 수치가 상대적으로 쉽게 하락했다.

▌바꾸어 말하기 후 분노 수준을 측정한 컴퓨터게임 결과▐

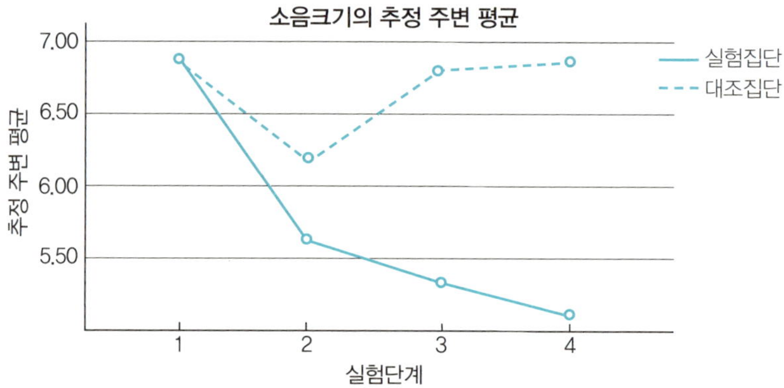

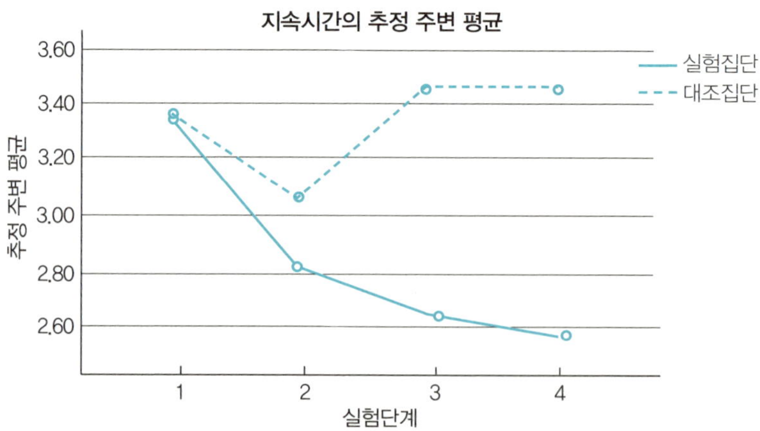

해설 중국인 결혼이주여성을 대상으로 차별과 장벽, 남편과 시댁 등 5개 이야기 소재를 갖고 '부정적인 한국 경험을 긍정적으로 바꾸어 말하기'를 시행한 결과 분노 · 공격성 게이지인 노이즈 블래스트 게임의 소음(비명)크기와 소음 지속시간에서 첫 단계에서 각각 7, 3.4에 가깝던 수치가 지속적으로 하락해 최종 4단계에서 현저하게 낮은 수준으로 떨어졌다. 실선이 긍정적으로 바꾸어 말한 실험집단의 결과이고, 바꾸어 말하기 없이 단순 반복하여 말하기만을 실시한 대조집단은 2단계에서 잠깐 수치가 하락하다가 3, 4단계에서 원래 수준으로 돌아감을 보여주고 있다.

#5. '이기적인 뇌'로 기억 변형을 설명하는 건 선문답!

며칠 밤잠을 못 이루며 고안해낸 실험 설계와 연구 가설의 적정성에 대한 초조와 불안은 막상 실험에 돌입하였을 때 현장의 결혼이주여성들이 실험 중 쏟아내는 논물과 하소연을 보며 "이들의 고통스런 기억이 바뀔 수 있겠다!"라는 자신감으로 바뀌었다. 물론 프로이트가 최면, 연상기법을 동원하였듯이 나도 현대 심리학의 연구 결과로 얻은 온갖 기법들, 즉 게슈탈트 집단상담의 표현 바꾸기와 양극성 통합, 심리적 거리두기에 의한 인지적 유연성 강화, 마음 챙김과 자비명상 등 가능한 보조 치유수단들을 모두 병행하였다.

가능한 모든 것을 실험에 쏟아부은 덕분인지 연구 결과는 100년 전 프로이트의 '기억과 트라우마 치료에 대한 엄숙한 제언'이나 그 이후 외국 연구 결과들을 적나라하게 뒷받침하는 방향으로 도출되었다. 물론 도킨스의 '이기적 유전자' 관점에도 정확히 들어맞았다.

그러나 일사천리로 진행되는 것 같았던 연구는 전혀 예상치 못한 문제에 부딪혔다. 연구논문 심사위원들은 "기억 변형은 외국 사례와 직접 실시한 실험을 통해 검증되었다고 치자. 그렇다면 기억이 변형된 이유에 대해서는 무엇으로 어떻게 설명할 것인가?"라고 물었다. 망치로 머리를 맞은 느낌이었지만 너무나 날카로운 지적이었다.

사실 그때 순간적으로 떠올린 것은 도킨스가 제시했던 '생물학적 이점을 매개로 한 자연선택'과 DNA를 대체하는 '밈' 개념이었다. 인간의 뇌가 기억의 변형을 통해 무의식에 잠복하며 시시때때로 침습해오는 악성기억들로부터 심신을 벗어날 수 있게 한다는 것은 의심할 여지없이 '이기적 유전자', 나아가 '이기적 뇌'와 부합한다. 이건 엄밀히 따지면 윤리에 어긋나는 일종의 '왜곡' 기제이지만 뇌의 생존을 증진시키는 생물학적 이점인 것은 분명하기 때문이다.

도킨스 외에도 매우 유사한 관점에서 뇌의 존재 이유를 규명한 과학자는 또 있다. 개미 연구의 세계적 권위자로 〈인간 본성에 대하여〉를 쓴 사회생물학자 에드워드 윌슨은 "뇌가 자신의 통합을 지시하는 유전자의 생존과 증식을 촉진하기 때문에 존재한다"고 했다. 하지만 다윈에서 시작하여 도킨스로 이어지는 진화론적 거대담론의 한 부분인 '밈'의 개념으로 뇌가 기억을 변형시키는 이유를 설명한다는 것은 왠지 너무 추상적이고 포괄적이며, 성의 없는 답변으로 생각되었다. 심사위원들에게 '선문답'을 하는 듯한 태도를 보여 불쾌감을 불러일으킬 수 있다는 걱정도 들어서 '뇌의 이기적인 성향'에 기초한 기억 변형의 이유 설명은 결국 포기하였다.

#6. 이기적인 뇌의 코드대로 재생 아닌 재구성되는 기억!

퇴짜를 맞은 그날 이후 몇 주 동안 기억에 관련된 국내외 논문들을 뒤적거리며 심사위원들을 납득시킬 이론적 근거 찾기에 나섰다. 그러던 중 고문피해자들을 연구대상으로 자기정의기억의 치료적 변화에 대해 연구한 몇몇 논문들을 접하게 되었고, 그 과정에서 스테판 조셉과 알렉스 라인리(2008)의 '역경 후 성장에 관한 유기체적 가치이론'을 발견하였다.

이는 프랑스 발달심리학자 장 피아제의 인지발달이론 중 동화assimilation와 조절accommodation의 개념을 차용하여 자기정의기억self defining memory이 치유적 방향으로 통합되는 과정을 규명해낸 이론이다. 동화는 자신이 이미 갖고 있는 도식에 맞게 새 대상을 받아들이는 과정, 조절은 대상이 기존 틀로 이해되지 않을 때 그 틀을 변화시키는 것을 의미한다. 이 이론은 인간의 기억회로가 '긍정적 조절positive accommodation'(인지도식의 조절에 따른 긍정적 변화)'을 통해 악성기억(트라우마 · 감정기억)을 보다 적응적 · 기능적으로 재구성하는 과정을 설명하였다.

인간의 정체성은 기억으로 구성되고, 기억의 입력과 인출은 정체성에 영향을 받는다(Kihlstrom et al., 2003). 그리고 정체성 회복이란 그 구성물인 자기정의기억의 일관된 통합이라고 할 수 있다(Janoff-Bulman, 1992; Roth & Newman, 1991). 조셉과 라인리(2008)는 외상 경험의 처리 결과에 따라 동화assimilation, 부정적 조절negative accommodation, 긍정적 조절positive accommodation로 경로를 구분하였는데, 모든 인지적 조절과정은 긍정적 조절의 방향으로 처리될 수 있다고 하였다. 즉 자기정의기억은 긍정적인 가치를 최종적 지향점으로 하여 통합된다는 것이다. 연쇄적 외상에 의한 부정적 동화, 돌발적 외상에 의한 부정적 조절로 인해 다소 시간이 걸리더라도 긍정적 조절을 거친 뒤 성패와 무관하게 궁극적으로 기억의 정적인 통합을 향해 간다는 의미이다. 집단에 동일한 뇌의 생존을 증진시키는 인간만의 유전단위 '밈'의 역할을 다른 용어와 제목으로 설명하는 듯한 착각이 들 정도였다.

최근 정신적 외상을 당한 사람을 보자. 그 전에 자기유능감 도식이 있었다면 외상 사건을 동화하기 어려워 자기 도식을 부정적으로 조절하는 결과가 발생하고, 그 전에 이미 자기손상감 도식이 있었다면 그 도식이 외상을 계기로 촉발되고 강화되어 동화가 초래된다(Foa et al., 1999). 이런 과정들의 최종적 지향점은 긍정적 조절이다. 조셉과 라인리(2005)가 말한 긍정적 조절은 자기정의기억의 조직화에 개입하여 기억의 통합을 촉진하는 심리치료 전략이다.

결혼이주여성에게 부정적 한국 경험은 '역경 후 성장에 관한 유기체적 가치이론'의 외상 경험이다. 부정적 경험을 긍정적으로 바꾸어 말해보라는 지시, 게슈탈트 집단상담의 표현 바꾸기와 양극성 통합, 심리적 거리두기에 의한 유연성 강화, 마음 챙김 등은 외상 경험을 동화하기 어려워 부정적 조절에 임했거나, 연속된 외상으로 과거 도식이 강화된 결혼이주여성들의 자기정의기억에 개입하여 다시 긍정적 조절의 방향으로 통합되도록 촉진하는 치료수단인 셈이다.

또 실험의 마지막 4단계에서 실험집단에 긍정적으로 바꾸어 말하기를 주문하지 않았는데도 기억 변형이 뚜렷이 나타난 것은 앞선 2주간의 인터벌에서 참가자들의 악성기억이 '이기적인 뇌'의 코드대로 긍정적 조절 및 통합되어 재구성된 결과라는 분석이 가능하다. 관련하여 부정적 한국 경험을 단순반복으로 말한 대조집단은 이런 효과를 도출할 만한 실험처치를 어느 단계에서도 하지 않았기 때문에 당연히 악성기억의 재구성이 나타나지 않았다고 할 것이다.

나는 이 근거를 발견하고 감탄과 더불어 무릎을 칠 수밖에 없었고, 논문심사는 초고속으로 진행되어 박사 취득의 영광을 안았다.

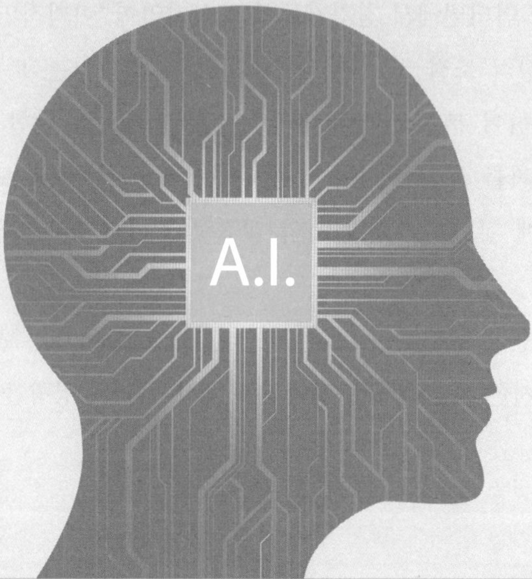

밈과 다른 ESS, 동물의 성적 선전행위가 광고의 기원이다!

지금까지 도킨스가 〈이기적 유전자〉에서 인간 뇌의 진화를 이해하려 도입했던 복제 · 모방 단위인 밈과 그 현상의 현실 사례인 AI 자율주행차의 트롤리 딜레마 문제와 기억의 변형 실험 등을 다루었다.

그런데 도킨스는 전쟁과도 같은 암수 · 남녀 간 유전자 진화에 대해서는 밈과 다른 개념을 차용한다. '바로 ESSEvolutionary Stable Strategy(진화적으로 안정화한 전략)'다. 밈은 유전자 생존경쟁의 법칙인 자연선택(생존에 유리한 유전자를 가진 개체가 환경에 적응해 살아남아 자손을 이어가는 것), ESS는 유전자 번식경쟁의 법칙인 성선택(개체가 생존하는 데 불필요해 보이는 많은 특징들을 발달시킨 것은 생존이 아닌 번식을 위해서라는 것)과 관련되어 있다.

밈은 AI(인공지능) 문제의 답을 인간 지능에서 구한다는 차원에서 다룬 것이다. 거꾸로 ESS는 자연선택과 더불어 '이기적 유전자'의 양대 이론축인 성선택을 고찰하다 뜻밖에 이를 판가름한 핵심이 '동물 암수 간 성적 광고행위'였음을 알게 되어 논하게 되었다. ESS가 AI와 직접 연관은 없으나 AI 코드가 지배하는 최첨단 미디어 환경에서 광고의 새 위상과 지향을 검토하는 데 오히려 가장 원시적인 야생의 광고 생존의 증진 원리가 큰 참고가 될 수도 있다.

도킨스는 두 개념으로써 암컷에 의해 특정 수컷 형질이 유전적으로 선호되는 과정을 설명하는데, 뜻밖에도 암수 간 성적인 광고행위에서 핵심 단서를 찾아냈다. 두 개념은 해밀턴과 맥아더가 주창한 ESS와 성선택의 역발상인 앨런 그라펜의 '핸디캡 원리'이다. 다윈은 자연선택과 성선택이 다르다고 봤다. 생존에 유리한 유전자의 형질과 번식에 유리한 형질은 다르다고 생각했기 때문이다.

그러나 후대 학자들은 둘이 같을 수도, 다를 수도 있다고 봤다. 해밀턴과 맥아더에 따르면 번식에서 암수가 최대한 손해 보지 않기 위해 대립하는 과정에서 ESS가 생겨났다. 이는 유전자에 의해 동물 개체에 입력된 행동패턴이 개체군 대다수에 의해 최상으로 채택되었을 때, 어떤 대체 전략도 이를 넘지 못하는 경우를 말한다.

ESS의 예를 들면 공작새의 암컷이 꼬리가 긴 수컷을 선호하게 된 것이다. 짧은 꼬리는 영양소 부족, 포식자에 의한 절단일 수 있다. 단지 추측에 불과한데도 이를 기피하게 된 암컷들은 긴 꼬리가 생존에 유리한 표식이라 인식했고, 그런 선호가 공작새 암컷 대다수에 의해 채택되어 긴 꼬리 수컷은 크게 늘어났다. 실제 생존에는 썩 도움되지 않지만 긴 꼬리는 '성선택'에 따라 번식에 탄력을 받았다.

그런데 긴 꼬리를 오히려 핸디캡으로 간주한 시각도 있다. 이는 경기성적에 너무 큰 차가 나지 않도록 우수한 경기자에게 사전에 주어지는 불리한 조건이다. 핸디캡은 불리함이지만 어디까지나 우수한 자에게 부여된 불리함임에 주목했다. 즉 긴 꼬리의 핸디캡을 갖고도 어른이 될 때까지 살아남은 것은 원래 긴 꼬리 외에 우수한 다른 유전자들을 보유한 덕분이고, 따라서 암컷들이 이를 알아차리고 긴 꼬리의 수컷을 선호하면서 번식이 크게 증진된다는 것이다. 진화적 안정화 전략ESS을 달성했다는 결과는 같지만 그 과정은 정반대이다.

도킨스는 핸디캡 이론에 회의적이지만 "감수할 위험이 커도 효과가 크다면 수컷들은 목숨을 건 성적 광고행위를 할 수 있으며,

그것이 위험하기 때문에 광고효과가 크게 나타날 수 있다"고 했다.

'전략적 선택 핸디캡'에 있어서 수컷이 채택하는 광고는 정직하든 속임수이든, 비용이 많든 적든 어떤 종류의 광고를 진화시킬 것인가는 수컷의 자유다. 그런데 암컷은 수컷의 실제 퀄리티를 파악할 수 없고 수컷의 광고 강도에 의존하여 선택을 해야 한다. 사실 수컷은 자신의 퀄리티를 알고 있지만 어떤 규칙을 택할지는 수컷마다 다르다. 퀄리티에 비례하여 꼬리의 길이를 정할 수도, 반비례하도록 정할 수도 있다. 이는 수컷이 실제 퀄리티가 낮음에도 광고 수준은 아주 높게 보이도록 사기를 칠 수 있음을 의미한다. 그리고 생존에 유리한 형질을 골라내는 자연선택과 달리, 그런 사기행위가 번식에 유리한 형질을 골라내는 성선택에서는 성공을 거둘 가능성이 있음을 열어두었다. 선택 주체인 암컷의 지각 성향이 어디로 튈지 모르는 테니스공처럼 합리적이지도, 일관적이지도 않은 탓이다.

이와 관련해 암컷에게 주어진 선택지는 전적인 신뢰, 전적인 무시, 수컷이 보여 주는 광고 내용과 반대로 판단 등 3가지이다. 핸디캡 원리에서 ESS를 위한 각 주체별 조건은 다음과 같다.

1. 수컷은 광고 수준을 자유롭게 결정할 수 있음에도 불구하고 수컷은 자신의 진정한 퀄리티를 올바르게 드러내는 광고를 한다. 자신의 퀄리티를 속일 수 있음에도 그렇게 하지 않는다. 수컷의 ESS는 "정직하다"이다.
2. 암컷은 수컷의 광고에 따라 전적인 신뢰, 전적인 무시, 수컷의 보여주는 광고 내용과 반대로 판단 등 3가지 중 하나를 자유롭게 선택할 수 있음에도 불구하고 암컷은 "수컷을 믿는다"

는 전략을 채택한다. 고로 암컷의 ESS는 "믿는다"이다.

3 광고에는 대가(구애 성공)가 따른다. 다시 말해 우리가 어떻게든 퀄리티와 매력의 효과를 무시할 수 있다면, 수컷은 광고를 안 하는 게 나을 것이다(그럼으로써 에너지를 절약하거나 포식자의 눈에 띌 가능성을 줄일 수 있다). 광고에는 대가만 따르는 것이 아니다. 광고에 따르는 대가 때문에 그 광고체계가 선택된다. 어떤 광고체계가 선택되는 것은 바로 그것이 (경쟁자들을 늘려서) 광고자의 성공도를 감소시키게 된다.

4 퀄리티가 나쁜 수컷은 광고하는 데 더 큰 대가를 치른다. 보잘것없는 수컷이 건강한 수컷과 같은 수준의 광고를 하기는 더 어려울 것이다. 퀄리티가 좋은 수컷보다 나쁜 수컷은 대가가 따르는 광고를 하는 데 더 큰 위험을 감수해야 할 것이다.

이처럼 성선택 이론에 광고, 사기행위 등 표현이 등장함을 보면 앞서 거론했던 긴 꼬리 등 성선택에 의한 여러 진화의 산물들이 철저한 적자생존의 법칙이 지배해온 자연선택과는 사뭇 다르다는 것을 실감한다. 다윈도 둘을 구분하여 이론을 정립하였다.

#1. 첫인상! 이기적인 뇌는 다소의 자기기만도 허용한다

1976년에 나온 〈이기적 유전자〉의 초판 권두사를 쓴 하버드대학 교수 로버트 트리버스는 "예를 들어 (도킨스가 주장하는 대로) 만약 속임수가 동물의 의사소통에서 기본이 되는 요소라면, 이 속임수를 감지해내는 능력이 강하게 선택될 것이다. 그리고 이에 따라 지금 행하는 속임수가 들키지 않도록 (자기만이 알 수 있는 미묘한 신호를 통해) 자기기만의 일부 사실이나 동기가 무의식적이 되도록 하는 어느 정도의 자기기만도 선택될 것이 분명하다. 따라서 자연선택이 이 세상에 대한 정확한 이미지들을 만들어내는 신경계를 선호했을 것이라는 종전의 생각은 감정의 진화를 너무나 순진하게 파악한 견해임이 틀림없다"고 했다.

자연선택이 가진 오류를 우회 지적하면서, 철저한 적자생존의 법칙이 지배해온 자연선택과 달리 성선택에서는 속임수, 사기, 핸디캡 등 실제로는 생존에 도움이 안 되는 것이지만 구애활동인 수컷의 광고행위에서 암컷의 선호를 받아 번식을 통해 후대에 전해진 유전적 형질이 있음을 시사한다. 암컷이 무엇을 선호할지 결정함에 있어서 철저히 생존에 도움되는 것, 예를 들면 기린의 긴 목과 같은 명약관화의 잣대로만 고르는 게 아니라 공작새의 낀 꼬리를 선택할 수도 있다는 것이다. 왜 긴 꼬리를 암컷들이 선호하여 진화의 산물이 되었는지 그것은 오직 그들만이 안다. 그들만이 가진 독특한 지각의 습성이 그런 선택을 유도했을 것으로 과학자들은 믿는다. 이렇게 본다면 실제로 적자생존의 법칙에 어긋나는 또는 무관한 것이라도 성선택에서는 진화의 성공 사례가 될 수 있는 것이다.

"자연선택이 이 세상에 대한 정확한 이미지들을 만들어내는 신경계를 선호했을 것이라는 종전의 생각은 감정의 진화를 너무나 순진하게 파악한 견해"라는 트리버스의 지적은 너무나 예리하다.

인간의 뇌에도 적자생존의 법칙에 명백히 어긋나는 또는 무관한 지각습성이 많이 있다. 아마도 성선택의 법칙에 따른 번식경쟁에서 유익해 보이는 형질로 선호되어 진화에 성공한 듯 보인다.

'초두효과' 또는 '첫인상효과'를 보자. 미국의 뇌과학자 폴 왈렌의 연구에 따르면 우리는 뇌의 편도체amygdala를 통해 0.1초도 안 되는 극히 짧은 순간에 상대방에 대한 호감도와 신뢰를 평가한다. 첫인상을 결정짓는 중요 요인은 외모, 음성, 어휘 순이다. 첫 대면에서 제시되었던 이런 항목들은 나중에 제시된 항목들보다 기억이 오래 지속되었고, 인출도 잘 되었음을 연구 결과가 말해준다.

낯선 사람 만날 때, 새 환경과 상황에 처했을 때 사람은 그에 대해 판단하고 기대감을 형성하는 데 30초도 채 안 걸린다. 신기하게도 이 순간, 사람의 뇌 활성화 영상을 보면 이성적 논리나 의식적인 판단보다는 막연한 감정에 의한 해석으로 첫인상을 결정해버린다. 첫인상은 대인관계의 시작이다. 사람의 인지체계상 일관성의 법칙 때문에 일단 만들어진 첫인상은 쉽게 바뀌지 않는다.

인간 뇌에서 감정을 다스리는 중추는 아몬드almond와 같은 형태를 띤 채 타원형 머리의 정중앙에 깊숙이 자리 잡은 편도체amygdala다. 기억에 정서를 입히는 작용을 하는 편도체가 어떤 자극에 어떤 정서로 반응하여 어떤 첫인상을 뇌리에 남길지는 사실 우리 자신도 모른다. 편도체는 개인의 후천적 정서발달 및 트라우마 역사의 총체적 결과물이 객관적이고 과학적인 몸의 흔적으로 고스란히 남겨진 인체 내 '감정의 화석'인 탓이다. 편도체에 각인된 감정적 기억들은 의식은 물론 무의식의 영역까지 걸쳐 있다. 때문에 편도체가 잘못 작동했을 때 불안과 우울, 정신질환 등이 발생하며 단시간에 그것을 바로잡기는 쉽지 않은 것이다.

아무튼 첫인상효과, 편도체 작동의 특성을 알았다면 대인관계를 원활히 하는 데 이를 중요한 지식으로 활용할 수 있을 것이다. 과거에 처음 만난 상대방들이 대체로 나에 대해 느끼는 감정이 어떤 것이었는지 자신의 대인관계 역사를 돌아보며 유추해볼 수 있고, 그 감정을 살리거나 약화시키는 방향으로 움직이면 되는 것이다.

예를 들어 어떤 사람에 대한 첫인상이 '무섭고 딱딱한 것'이라고 가정해보자. 그러면 그가 만들고 싶은 첫인상은 '편안함과 따뜻함'일 것이다. 옷차림, 말투, 표정을 편안함과 따뜻함에 맞추어서 '무섭고 딱딱한' 자신의 이미지를 최대한 누그러뜨리는 전략을 쓰면 된다. 가령 누군가 폭우에 홀로 길을 잃고 헤매다 흠뻑 젖은 강아지를 포근하게 감싸 안는 모습을 보여주면, 자신을 무서운 사람에서 따뜻한 면모를 가진 사람으로 약간은 바꾸어 놓을 수 있을 것이다. 또한 자신이 왜 그렇게 무서운 표정을 짓게 되었는지에 대한 슬픈 개인사를 털어놓으면, 왜곡된 첫인상을 바꿀 수도 있는 약간의 연민을 타인들로부터 끌어낼 수 있을 것이다.

인간의 뇌가 제멋대로 지각하고, 제멋대로 정보를 수용하는 사례는 또 있다. 뇌의 선택적 지각selective perception현상이다. 엄밀히 보면 지각의 왜곡이거나 부정확성이지만 앞서 거론한 것처럼 어느 정도의 자기기만을 허용하는 것이 이기적인 뇌의 속성이다.

세계적인 뇌신경과학자인 미국 하버드대학의 제레드 쿠니 호바스 박사는 "인간 뇌의 브로카, 베르니케Broca, Wernicke 영역에 위치한 감각정보 수용채널에서 일어나는 병목현상 때문에 두 개의 목소리가 동시에 들리면, 둘 중 하나만 통과시킨다"는 연구 결과를 제시했다. Y자 모형의 차선에서 두 개의 차가 동시에 진입해도 도로가 좁아서 결국 한 차만 통과할 수 있는 원리와 같은 것이다.

시끌벅적한 호프집에서 친구의 목소리를 알아들을 수 있는 것은 뇌의 이 같은 자동적인 '걸러내기' 작용 덕분이다. 하지만 똑같은 상황에서 친구의 목소리를 선별하여 받아들이기 위해 건물붕괴의 위험이나 대형화재 발생을 알리는 외부 경고음을 놓쳤다면 이는 결코 생존에 도움 되는 뇌의 지각습관이라고 말할 수 없을 것이다.

▮ 뇌 변연계limbic system **구조도 ▮**

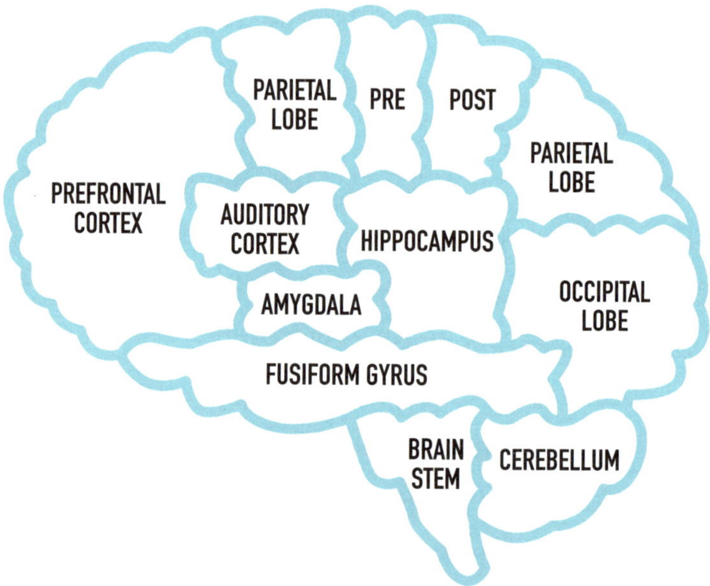

해설 다양한 신경계 정서적 정보를 통합하는 변연계의 한 가운데 깊숙이 자리한 '감정의 화석' 편도체amygdala는 정서, 기억, 공포기능을 관장하며, 언어를 표현하는 브로카 영역은 편도체 윗부분에, 언어를 수용 · 이해하는 베르니케 영역은 청각피질auditory cortex 바로 뒤쪽에 있다.

뇌기관 중 편도체가 이런 위험을 민감하게 탐지하여 인간이 생존본능을 구현하도록 추동하지만, 술에 크게 취해 인체의 감각이 제대로 작동하지 않는 상태라면 이러한 일은 얼마든지 벌어질 수 있다.

글을 읽는 것 역시 뇌신경과학의 관점에서 보면 말을 듣는 것과 다를 바 없다. 뇌 활성화 영상을 보면 눈으로만 책을 보더라도 결국 누군가의 목소리를 듣고 있는 것과 똑같은 결과를 보인다는 것이다. 그렇다면 각각 하나의 말과 글도 뇌의 병목 지점에서는 두 개의 소리와 똑같은 취급을 받아 한 개는 초기 선별단계의 기억회로에서 차단당하는 운명을 피할 수 없다는 결론에 도달한다.

#2. 첫인상효과는 100점, 선택적 지각효과는 글쎄!

최근 몇 년 사이 사람들 입에 오르내리는 유행어가 될 정도로 선풍적인 인기를 끌었던 "딱 좋아!"라는 TV광고가 있었다. 그 광고의 영향력으로 같은 이름의 식당과 노래방이 전국 곳곳에 다수 생겨날 정도로 파급효과가 컸다. 70대의 인상 좋은 CEO 겸 발명자가 직접 출연하여 자사제품인 토종 유산균을 소개하는 CF였는데, 세계 60여 개국에서 유산균 제조법에 대한 특허권을 획득하고, 국내에는 전국에 300개가 넘는 총판대리점을 개설하는 등 그야말로 확산일로의 신장세를 과시하고 있다. 그런데 주변의 많은 사람들에게 수소문한 결과 정작 그 제품의 고유브랜드가 'C'란 것과 종류가 '토종 유산균'이란 점은 거의 기억을 못하였고, "딱 좋아!"란 문구만은 대부분 생생하게 기억하였다.

인심 좋은 이웃집 아저씨 인상을 가진 노년의 CEO가 직접 출연하여 독특한 사투리 억양으로 "딱 좋아!"를 외친 것이 기억의 강도를 높이는 작용을 한 것으로 보인다. 귀청이 쩡쩡 울릴 정도로 "딱 좋아!"를 외친 것이 강력한 카리스마의 첫인상으로 간직된 것이다. 하지만 정작 사람들 뇌리에 또렷하게 남아야 할 고유브랜드와 제품종류에 대한 기억은 기대만큼 강렬하지 못해 아쉬움으로 남는다.

그 CF 화면을 보면 한 화면에 너무 많은 문자텍스트를 비롯해 8개의 숫자로 이루어진 전화번호 그리고 너무 크게 부각된 CEO의 얼굴사진 등 단 몇 초간 제시된 시각정보들이 너무 많다. 이 CF도 뇌의 자동적인 '걸러내기' 작용에서 예외일 수는 없다. 시간이 흐른 후 많은 사람들의 기억에서 CF 화면에 제시되었던 시각정보들은 거의 소멸 또는 흐릿해져버리고 정작 화면에 문자로 제시되지도 않았던 "딱 좋아!"라는 청각 자극만 남게 된 것이다.

만약 CF 화면에 단 1개의 문자텍스트만 제시했더라면 "딱 좋아!"를 포함해 큼지막한 2개의 자극만으로 뇌의 선택적 지각 습성, 즉 자동적인 '걸러내기' 관문을 피해갈 수도 있었을 텐데…. 즉 여러 정보들을 시청자 '감지 뇌세포의 골문'에 한꺼번에 욱여넣지 말고 단 2개로 한정해서 차례로 진입시켰으면 그 '골문'에 1등, 2등으로 골인이 되었을 수도 있지 않았을까. 그랬다면 "딱 좋아!"라는 청각 정보 외에 그 CF가 알리고자 했던 궁극적 목표인 고유브랜드도 사람들의 기억에 더 강렬하게, 더 오래오래 남길 수 있지 않았을까. '옥의 티'처럼 아쉬움을 자아낸다.

▮ "딱 좋아"를 본떠 출시된 주스제품 ▮

출처: 구글 이미지

#3. ESS의 키워드, "정직하게 보여줄게" "전적으로 믿을게"

도킨스의 친구인 그라펜은 그 자체로 최상의 진화적 상황인 ESS(진화적 안정화 전략) 달성을 위한 방안으로서 성선택의 역발상인 '전략적 선택 핸디캡'을 제안했다. 그러면서 성적 광고행위에서 주체인 수컷(광고주)과 객체인 암컷(소비자)이 집단의 ESS 달성을 위해 각기 어떤 최상의 전략, ESS를 채택해야 하는지 정리했는데, 앞서 소개한 4개 항을 요약하면 수컷은 "정직하게 보여줄게"이고 암컷은 "전적으로 믿을게"이다.

도킨스가 제안했던 상호 안정한 규칙 쌍을 찾는 작업, 즉 양자의 조건을 컴퓨터에 입력하고 서로 돌아다니며 마주치게 한 뒤, 암컷이 수컷을 결정하는 조건이 충족되면 짝을 짓게 하는 방법 중 가장 이상적인 조합이다. 놀랍게도 가장 원시적인 야생의 세계에서 광고 생존의 증진 원리는 오늘날과 다르지 않다. 광고주의 정직, 소비자의 신뢰, 적정한 모델! 무엇이 더 필요하겠는가.

AI 코드가 지배하는 오늘날 최첨단 미디어 환경에서도 세 가지가 충족되어 완전한 공감의 바탕 위에 만든 광고는 실패하지 않는다. 특히 광고주 입장에서는 자신들의 제품 퀄리티를 과장하지 않으면서 오히려 그 제품이 진정으로 필요한 소비자의 힘들고 절박한 상황을 진심으로 공감해주는 정직한 태도가 반향을 얻는 추세인 듯하다.

CF에 웃고 CF에 울었던 동아제약 '박카스'의 공감 마케팅을 대표적인 예로 들 수 있다. 1963년 '토끼와 거북이'라는 TV 애니메이션 광고에 힘입어 출시 1년 만인 1964년, 박카스는 판매량 670만 병을 기록하며 드링크제 시장의 선두자리를 거머쥐었다. 당시로서는 버거울 수밖에 없었던 무리한 초기 설비투자로 자금난에 처했던 동아제약은 박카스가 대박을 터뜨리며 출시 4년 만인 1967년 내친 김에 제약업계 정상을 정복했다. 그러나 기업의 위기 또한 박카스 광고 때문에 찾아왔다. 1976년 정부가 오남용 소지가 있는 자양강장 드링크의 대중매체 광고를 금지하자 그야말로 끝을 알 수 없는 나락으로 빠져들었다.

그러던 박카스가 재도약의 전기를 맞은 것은 1993년이다. 광고 금지가 해제되자 동아제약은 CF의 기조를 확 바꾸어 '새 한국인' 시리즈로 적극적인 공감 마케팅에 나선다. 앞서 거론했던 '폭우에 흠뻑 젖은 강아지를 포근하게 껴안아주기' 전략을 구사한 셈이다.

박카스 CF의 새 한국인 시리즈는 여러 편이었으나 그중에서도 대중에게 깊은 인상을 심어준 작품은 '버스 종점' 편이었다. CF 내용은 이렇다. 늦은 저녁 버스종점에 도착한 인자한 얼굴의 버스 기사가 기지개를 켜고 박카스 병을 딴 뒤 문득 정면의 백미러에 시선을 고정한다. "얼마나 피곤했으면…." 버스 기사가 뒷좌석에서 피곤에 지쳐 잠든 학생에게 다가가 "이봐, 젊은이!" 하면서 자신이 마시려던 박카스를 다정하게 건네주는 단순한 스토리다.

'버스 종점'을 대표작으로 하는 박카스의 공감 마케팅은 마치 한 편의 명품 드라마 시리즈처럼 관심을 불러일으키며 1994년 박카스의 매출액을 1,000억 원대로 끌어올렸다. 알려지지 않은 곳에서 묵묵히 일하면서도 이웃들에게 따뜻한 가슴을 내어주는 '보통사람'의 소소한 일화들이 제품의 이미지로 덧씌워지면서 매출이 급상승하였고, 결국 '박카스' 제품의 대박 신화를 만들어낸 것이다. 동아제약은 2001년 발간한 〈박카스 40년사〉에서 "박카스의 성공에 결정적인 영향을 미친 것은 광고"라며 "광고 없이는 박카스 신화는커녕 박카스라는 브랜드조차 생존하기 힘들었을 것"이라고 고백하였다.

▮ '공감' 광고로 반향을 일으킨 박카스 ▮

출처: 동아제약

우리나라에서 금융대출회사나 보험회사의 광고는 성공한 사례가 그리 많지 않다. 오히려 크게 비난을 받거나 작은 관심조차 끌지 못한 사례가 훨씬 많다. 앞서 거론한 광고주의 정직, 소비자의 신뢰, 적정한 모델 등 성공의 3요소 중 광고주의 정직을 부각하려면 자사의 제품 홍보에 너무 집착하지 말고 '박카스'처럼 금융상품이 필요한 소비자의 힘들고 절박한 상황을 진심으로 공감해주는 태도로 반향을 얻는 게 최상이다. 그러나 대부분은 상품의 퀄리티를 과장되게 홍보하였고, 공감을 얻는 이미지 전략은 다소 경시했다. 어차피 소비자의 지각에 의해 모두 차단당할 지엽적 정보들을 노출하는 데만 매달려서 소비자의 신뢰를 스스로 걷어찬 꼴이다.

태국에서 보험회사가 만든 광고 중에 사람들의 심금을 울렸던 성공작이 있었다. '보이지 않는 영웅unsung hero'이라는 제목의 이 태국 광고는 보험회사 광고이지만 보험상품 소개를 전혀하지 않는다. '돈'이 가져다주는 행복을 부각시키지도 않는다. 오히려 가진 돈이 별로 없음에도 어렵고 불행한 처지의 이웃들을 위해 얇은 지갑을 열고, 노점상 노인의 손수레를 밀어주고, 길가의 시든 꽃에 물을 주는 이름 모를 청년을 진정한 사회적 영웅으로 그려낸다. 선행의 대가로 이득과 명예는 없지만, 삶에 대한 깊은 이해 속에 이웃이 주는 사랑, 행복과 감동은 무엇보다 소중함을 일깨워준다. 보험회사가 사람들을 보이지 않는 곳에서 묵묵히 돕는다는 숨은 의도를 포함한 광고이다.

▮ 태국 보험회사의 광고: '언성 히어로' ▮

출처: IMDb

#4. 이기적인 뇌로부터 퇴짜 "전적으로 무시할 거야"

뇌의 이기적인 성향은 집단에서 뇌의 생존과 번식을 증진시키는 것이라고 했다. 모럴 머신의 '트롤리 딜레마'에서 보았듯이 그것이 때로 오늘날 사회적 공익에 부합할 수도 있지만 그렇지 않을 수도 있다. 그렇다고 윤리를 거스르는 것이라고 비판할 수 없는 문제다.

이기적 유전자의 대체 단위인 밈은 뇌에서 뇌로, 공간과 시간을 건너뛰면서 사회의 문화, 관습, 도덕 등을 유유히 전파하고 있다.

오늘날 밈은 '인터넷 밈'이라는 이름으로 게임과 음악 등 대중문화를 지구 반대편 소비자에게까지 퍼지게 하여 인류사에 일찍이 볼 수 없었던 글로벌 문화소비현상을 불러와 그 위력을 과시하고 있다. 이렇듯 수만 년 인간의 문명을 대물림해온 밈의 본성과 그것이 인류에게 주는 유전적 이득을 거스르는 광고는 당연히 실패한다.

수년 전 국내 모 화장품 회사의 CF 카피는 귀를 의심할 정도다.

명품백을 득템하는 솔루션
잠을 줄여 투 잡을 하고 돈을 모은다
친구를 끊고 돈을 모은다
안 되면 친구와 절교하고 돈을 모은다
통장을 계속 보며 돈을 모은다
모으고 모으고 모으고 모으고
'아휴 복잡해 대체 어느 세월에'
단 하나의 솔루션!
'남친을 사귄다'
복잡한 피부도 완벽한 거 딱 하나
단 하나의 솔루션

남자친구를 사귀는 것이 명품백을 갖고 싶은 욕구를 충족시킬 수 있는 유일한 솔루션이라고 제안한다. 그리고 은연중 자사의 제품 'M 토탈 솔루션' 브랜드를 강조하며, 그런 능력을 가진 남자친구를 얻을 수 있는 토탈 솔루션이 마치 그 제품인 듯 운을 띄운다.

광고 노출 후 "남성들이 좋은 피부를 가진 여성에게 비싼 명품백이나 선물해주는 '물주들'에 불과한가" "남자든 여자든 누구에게도 불쾌감을 주는 광고"라며 소비자들의 반발이 거세게 일었다. 모델로 출연한 모 걸그룹의 Y는 된장녀(명품 소비를 지향하며 과시형 소비를 일삼는 여성을 비하하여 이르는 말)라는 수치스런 별명을 얻게 되고, 마케팅 담당자는 사과문을 발표했다. Y의 소속사였던 국내 굴지의 연예기획사도 "주요 구성원인 Y의 출연 작품 선정에 큰 실수를 저질렀다"는 이유로 대중들의 호된 질책을 받아야 했다.

▮ 명품 소구 ▮

#5. 똑똑한 소비자 "광고 내용과 반대로 생각할 수밖에 없어"

앞서 '보이지 않는 영웅unsung hero'이라는 제목의 태국 광고가 크게 성공한 사례를 소개했다. 보험회사 광고이지만 보험상품 소개를 전혀 하지 않는다. 이 광고는 대중에게 어필하기에 적정한 모델을 택함으로써 광고주의 정직한 이미지를 부각시키고 그 결과 소비자의 큰 신뢰와 공감을 얻었다. 금융회사로서는 흔치 않은 사례다. 사회 곳곳 그늘진 곳에서 자신의 손길을 필요로 하는 대상이라면 사람이든 반려동물이든 가리지 않고 따뜻한 손길을 내민다.

도킨스가 말한 성적 광고행위에서 최상의 전략에 의해 조성된 최상의 상황, ESS 달성에 필요한 3요소가 모두 충족된 셈이다. 이렇듯 야생의 세계에서도 진화의 법칙 중 하나로서 확립되어온 성공하는 광고의 요건을 무시하고 자사 제품의 퀄리티와 효율을 과장되게 홍보하기 위해 정직성을 저버렸다가 역효과를 부른 사례가 있다.

사람의 목숨을 돈으로 환산하여 딱한 처지의 유가족을 거액의 보험금으로 행복하게 해준다는 콘티의 모 생명보험 광고가 있다.

이는 어느 가장이 생명보험에 가입한 지 이틀 만에 사망한 뒤 그 보험금으로 10억 원을 받아 유가족인 부인과 딸이 가장의 죽음에도 불구하고 행복하게 살아간다는 실제 사례를 토대로 제작한 광고이다. 시작부터 끝까지 흑백필터를 씌운 어두운 분위기인데, 이 분위기처럼 가슴 아픈 실제 사례를 상업용 광고로 활용하려고 부인과 딸의 모습을 해맑고 행복하게 묘사하여 흑백필터와 상반되는 배경을 조성한 것이 실패요인이었다. 사람 목숨까지도 단지 돈으로 환산할 수밖에 없는 보험사의 생리를 자신도 모르게 광고를 통해 노출해버린 것이지만, 이는 대중들의 노도와 같은 분노를 불러왔다. 이기적인 뇌를 가진 소비자는 '똑똑한' 소비자이다. 똑똑한 소비자들은 이 광고를 보고 분명하게 메시지를 던졌다.

"광고 내용과 반대로 생각할 수밖에 없어. 유가족은 안 행복해." 이 광고는 그해 '최악의 광고'에 뽑혔다.

▮ 가족을 지키는 생명보험 광고 ▮

#6. '극혐' 광고가 성공한 광고의 역설! 성선택의 역설!

도킨스는 "진화 세계에서 성적으로 매력적이고 화려한 색채를 나타내는 것은 수컷이고, 반면에 칙칙한 색채를 나타내는 경향이 있는 것은 암컷이다. 그런데 선명한 색채는 포식자의 눈에 띄어 제거되기 쉽고, 칙칙한 색채는 성적 파트너에 의해 (선택을 못 받아 유전적으로) 제거되기 쉽다"고 했다. 그에 따르면 이로 인해 수컷에게 선택압력이 가해진다. 파트너의 선택을 받자니 화려한 색채가 필요한데, 그 탓에 포식자에게 제거당할 위험이 커지는 것이다. 앞에 나온 공작새의 긴 꼬리도 이 위험한 번식 경쟁을 거쳐 우성 형질이 되고 후대에 유전자를 확산하는 데 성공했을 수도 있다.

이를 '생존 기계' 인간이 행하는 광고 메커니즘에 대입하자면 수컷의 자리에 광고주, 암컷의 자리에 소비자가 놓인다. 그리고 많은 다른 경우처럼 효율적 생존 기계 자체(인간의 합리적 판단과 선택)가 대립하는 선택압력 간의 효율적 타협의 산물로 인식될 것이다.

수컷의 최적 타협점은 신중한 암컷과 다르다. 수컷은 위험도가 큰 것을 감수하고라도 큰 벌이를 노리는 도박꾼과 같다고 할 것이다. 다윈의 성선택 이론에서 당당히 한 줄기를 차지한 이 진화론적 명제가 오늘날 광고 세계에서도 통용되고 있다는 것은 놀랍다. 사회적 비판이나 혐오 반응을 감수하고서라도 '다른 광고주가 선뜻 채택할 수 없는' 높은 리스크의 광고를 내보내는 전략이다. 그런데 역설적인 것은 분명히 큰 비판이나 혐오 반응을 불러일으켰음에도 광고의 최종적인 효과는 매우 성공적이었던 사례가 꽤 있다는 사실이다.

이런 광고들의 리스크에는 당연히 앞서 말한 '전적인 무시' '광고와 반대로 생각' 등의 소비자 거부 반응도 포함될 수 있다. 그럼에도 앞의 두 실패 사례와 다른 점은 성적 광고행위의 ESS에서 수컷의 조건이었던 "자신의 퀄리티가 낮은데 높은 것처럼 속이지 않고 정직하게 보여준다"는 태도만은 지킨 것으로 보인다. 자신만의 화려하고 남다른 색채를 선보이는 것과 속이는 행동은 엄연히 다르다.

물론 이 같은 리스크 감수 전략이 사회적 공익 구현이나 장기적인 광고 효율의 측면에서 바람직한 것은 결코 아니다. 하지만 다윈이 통찰한 진화의 도도한 법칙이 보여주는 것처럼 효율적 '생존 기계'들의 집단 속에서 뜻밖의 쏠쏠한 성과를 거두고 있는 건 사실이다.

인터넷에 라디오 형식의 스트리밍서비스를 제공하는 앱서비스 '스푼라디오'는 2019년 8월 기준으로 해당 앱을 통해 하루 약 5만 5,000개의 라디오 방송이 개설되고 있어 국내시장에서 압도적인 선두로 자리매김했다. 국내 상당수 동호인 채널이 이를 이용 중이다. 그러나 이를 홍보하기 위한 유튜브 광고는 초반 된서리를 맞았다.

스푼라디오는 유튜브에 시행 중인 기존 앱 광고들이 시각적 효과에 비중을 크게 둔 것과 달리 청각 위주의 광고를 내세웠다. 라디오 스트리밍서비스라는 콘텐츠 특징을 고려한 것인데, 문제는 시청자의 고막을 자극해 신경을 거스르는 광고 카피의 대사였다.

"저는 목소리를 들으면 아시다시피 되게 시크하답니다. 잘 자요 내 사람! 잘 자요 내 사람!"

초기 막대한 광고비가 투입되어 그야말로 유튜브에 들어가기만 하면 이 광고가 나오는 상황이 되자 "무엇을 연상시키려 하는지 의도를 알 수 없고, 다소 오그라드는" 이 대사에 유저들의 비난이 쏟아지기 시작했다. 광고의 취지는 앱 다운로드를 권장하는 것이었지만 오히려 듣기 싫은 대사가 반복되면서 크게 반감을 산 것이다. 급기야 유튜브 극혐광고 'Top 4'에 포함되었고, "시크하답니다"라는 코멘트를 타 채널의 유명 BJ로부터 임의로 따온 것으로 밝혀져 논란은 더욱 커졌다. 평판과 이미지 면에서 분명 실패한 광고였다.

그러나 스푼라디오는 앱서비스 매출에서 급격한 성장을 이루었다. 2019년 초 공개된 자료에 따르면 스푼라디오는 전년 대비 9배 넘게 성장세를 보였고, 2018년 230억 원 매출을 넘어섰으며, 국내 상당수 동호인 채널을 독점함으로써 '오디오 유튜브'라는 수식어와 더불어 블루오션 개척에 성공했다. 공격적인 광고가 소비자의 신경을 자극했지만 브랜드 각인에는 톡톡히 효과를 본 셈이다.

▮ 스푼라디오 로고 ▮

스푼라디오와 더불어 유튜브 극혐광고 'Top 4'에 올랐던 모바일 게임 〈왕이 되는 자〉는 지나칠 정도의 선정성과 낮은 퀄리티로 인해 시청자들의 뭇매를 맞았다. 이는 중국 게임사 '추앙클'이 제작한 청나라 시대 배경의 '왕 만들기' 게임이다. 게임도 게임이지만 유튜브 광고가 반발을 불러왔다. 여성의 신체부위 곳곳이 드러난 노출 장면과 여성들이 왕의 첩으로 간택되기 위해 내뱉는 "내가 가장 젊어요" 등 도발적인 대사들이 시청자의 눈살을 찌푸리게 한 것이다.

어색한 우리말 카피는 국내 수입사가 광고를 급조하느라 인터넷 번역기를 돌려 해석한 것 아닌지, 맞춤법에 어긋나는 오류투성이 한글 표기는 관심을 끌려고 의도적으로 한 것은 아닌지 의심을 샀다.

스푼라디오와 마찬가지로 유튜브 채널 광고 재생횟수가 지나치게 많아 여러 온라인 커뮤니티에서는 비판의 목소리가 점점 거세졌다. 유튜브 채널의 특성상 시청자 연령 제한이 없다는 점도 선정적인 광고에 대한 우려를 키우는 요인으로 작용했다. 수많은 학부모들이 비판에 가세했고, 이 광고가 싫어 유튜브 프리미엄채널로 옮겨가는 사례도 적지 않았다. 결국 게임물관리위원회에서 나서 여성에 대한 성 상품화, 선정성 등의 이유로 시정조치를 가했다.

이렇듯 직격탄을 맞은 유튜브 광고 못지않게 실제 게임 역시 저급한 퀄리티로 나쁜 평판이 자자했다. 그래도 '이기적 유전자'의 공작새 수컷의 긴 꼬리와 같이 일단 관심을 끄는 데는 성공한 것일까. 결과는 단지 관심 끌기에만 성공한 것이 아님을 보여주었다.

이 게임은 2019년 안드로이드 플레이스토어 8위, 애플 앱스토어 79위에 오르며, 〈리니지 M〉, 〈검은 사막 모바일〉 게임 등 최고 인기를 구가하는 게임들과 단숨에 어깨를 나란히 하게 된 것이다.

애초에 의도된 '노이즈 마케팅'인지, 허점투성이의 조잡하고 어설픈 광고가 오히려 소비자들에게 각인효과를 심어 게임 판매에 성공을 거둔 것인지는 알 수 없다. 게임물관리위원회로부터 시정조치를 받은 2019년 7월 이후 다소 순화된 내용으로 수정된 광고를 내보내고 있는 가운데 '극혐'의 소비자 반응과는 달리 게임 판매는 순항을 거듭하고 있다. 이를 극혐 광고의 성공 사례로 당당히 제시하는 것은 어렵다. 다만 거센 비난을 감수하고라도 게임 콘텐츠의 저급성과 조악함을 광고에서 속임수 없이 그대로 노출한 것은 '야생세계 광고의 교훈'과 관련하여 시사하는 바가 있다고 할 것이다.

▮ 모바일 게임 〈왕이 되는 자〉 ▮

출처: Google Play

삼성 세탁기 '하우젠'도 기존 국내시장에서 남들이 하지 않았던 독특한 방식의 광고를 과감하게 시도하였다가 초반에는 거부 반응을 일으켰지만, 극혐을 성공으로 바꾼 '전화위복' 사례로 꼽힌다. 이 광고는 방영시점인 2000년 중반에 언론과 소비자단체 및 평가기관들로부터 삼성의 역대 광고 중 최악으로 평가받았다.

논란은 "살균 세탁하셨나요? 하우젠~"의 가사에서 여성의 고음이 CM송인지 귀신소리인지 분간이 어렵다는 소비자 불만에서 시작되었지만, 본격적으로 불을 붙인 것은 당시만 해도 국내광고 시장에 파격으로 받아들여졌던 5초 광고기법이었다.

2005년 9월 최초 방영된 이 광고는 기존 다른 광고물 사이사이에 5초짜리 광고 3개를 각각 삽입하고 마지막에 5초 광고를 3개 연속으로 붙이는 독특한 방식이었다. 5초씩 3개를 건너뛰기 식으로 노출하고 3개는 연속 노출하는 매우 낯선 방식인 데다, 인기배우 한가인이 원피스, 이불, 수건, 물수건 등 세탁물 종류별로 다른 콘셉트를 들고 나와 마치 소비자를 세뇌하려는 듯한 인상을 준 것이 반감을 부른 주원인이었다. 마치 실험대상이 된 듯한 불쾌감을 소비자들에게 준 것이다. 소비자들은 이런 광고 방식에 대한 짜증스런 기분을 쇠를 긁는 듯한 초고음으로 "살균 세탁하셨나요?"를 반복적으로 묻는 CM송에 대한 거친 비난으로 돌려서 퍼부었다. 목소리도 짜증나는데, 왜 묻고묻고 또 묻느냐는 불만이었다.

여기에 비슷한 분위기의 광고 내레이션 목소리까지 이슈가 되어 "살인 세탁하셨나요?"라는 제목의 '악마광고'로 조롱당하기도 했다. 2005년 그해 프로야구 한국시리즈에서 9이닝 동안 매 이닝 이런 식의 노출을 했다가 급기야 감당하기 어려운 여론의 뭇매를 맞고 삼성전자 측은 하우젠 CM송의 '젠'을 고음에서 저음으로 내려야만 했다. 한 발 후퇴에도 불구하고 "살인 세탁하셨나요"라는 제목의 부정적인 패러디물이 쏟아지며 비난과 혐오는 지속되었다.

이런 가운데 역설적이게도 하우젠 매출은 매월 10% 이상씩 쑥쑥 올랐다. 드럼세탁기가 시장에 막 얼굴을 내민 시점이었는데, 소란스런 광고와 맞물려 제품이 불티나게 팔려나간 것이다. 기존의 타 브랜드를 제치고 압도적인 선두를 차지한 것은 단지 시간문제였다.

이 사례 또한 소비자의 부정적 감정을 초래했다는 점에서 모범적인 성공 사례로 평가하기는 어렵다. 그러나 제품의 퀄리티를 지나치게 높여서 거짓 광고를 하기보다는 있는 그대로 보여주되, 시청자가 질릴 정도로 짧게 여러 번 반복하는 방식으로서는 국내 첫 성공 사례로 꼽을 수 있을 것이다.

그러고 보니 이 책에서 살펴본 광고의 모든 성공 사례 그리고 바람직하다고 볼 수는 없지만 결과적으로 성공한 사례들을 통틀어 볼 때 공통적으로 보이는 광고자의 태도는 '정직성'인 듯하다. 퀄리티가 높으면 높은 대로, 낮으면 낮은 대로 속이지 않는 자세 말이다.

▮ 하우젠 세탁기 살균세탁 광고 ▮

출처: youtube.com

| 참고문헌 |

국내문헌

김성룡. (2020) 자율주행차량이 상용화되기 전에 해결되어야 할 윤리적 · 법적 난제와 그 해법: 윤리적 가이드라인과 Moral Machine Experiment를 중심으로. IT와 법 연구, 21, 171-214

문영숙, 김병희. (2015) 소비자 인사이트: 심리타점의 발견과 적용, 서울: 커뮤니케이션북스, 28-32.

송채수. (2020) 결혼이주여성의 부정적인 한국경험을 긍정적으로 바꾸어 말하기에 의한 감정기억의 변화: 분노 감정을 중심으로. 차의과학대학교 박사학위논문.

이선혜. (2008) 내러티브접근의 가족치료사적 의의와 한국가족치료 발전에 대한 함의. 한국가족치료학회지, 16(1), 43-62.

최병건. (2018) 당신은 마음에게 속고 있다. 서울: 도서출판 푸른숲, 25-29.

해외문헌

Awad, E., Dsouza, S., Kim, R., Schulz, J., Henrich, J., Schariff, A., Bonnefon, J., & Rahwan, I. (2018) The Moral Machine experiment. *Nature 563*, 59-64.

Beike, D. R., & Wirth-Beaumont, E. T. (2005) Psychological closure as a memory phenomenon. *Memory 13*, 574-593.

Brown, A. L. (1975) The development of memory: Knowing,

knowing about knowing, and knowing how to know, *Advances in Child Development and Behavior*, 103–152.

Brown, R., & Kulik, J. (1977) Flashbulb Memories. *Cognition 5*, 73–99.

Ceci, S., & Bruch, M. (1993) Suggestibility of the child witness: A historical review and synthesis, *psychological Bulletin 113*, 403–439.

Cozolino, L. (2016) *The neuroscience Of psychology: Healing the social brain 2th*(정신치료의 신경과학: 사회적인 뇌 치유하기 2판, 강철민, 이영호 공역). 서울: 학지사, 127–128.

Edward, O. W. (2001) *On Human Nature*(인간 본성에 대하여, 이한음 옮김). 서울: 사이언스북스, 25.

European commission, High–Level Expert Group on Artificial Intelligence. (2019) Ethics Guidelines for Trustworthy AI, 46.

Foa, E. B., Ehlers, A., Clark, D. M., Tolin, D. F., & Orsillo, S. M. (1999) The posttraumatic cognitions inventory(PTCI): Development and validation. *Psychological Assessment 11*, 303–314.

Horvath, J. C. (2020) *Stop talking start influencing: 12 insights from brain science to make your message stick*(사람은 어떻게 생각하고 배우고 기억하는가. 김나연 옮김). 서울: 토네이도, 22–57.

Janoff–Bulman, L. (1992) *The Shattered Assumptions*. Free Press.

Jenny, K. (2020) *Sex robots & vegan meats*(AI 시대, 본능의 미래, 고호관 옮김). 서울: 반니.

Joseph, S., & Linely, P. A. (2005) Positive adjustment to

threatening life events: An organismic valuing theory of growth through adversity. *Review of General Psychology 9*(3), 262–280.

Joseph, S., & Linley, P. A. (2008) Psychological assessment of growth following adversity. *Trauma, recovery, and growth: Positive psychological perspectives on posttraumatic stress*. New York: Wiley: Hoboken, 21–38.

Kihlstrom, J. F., Beer, J. S., & Klein, S. B. (2003) Self and identity as memory. In M. R. Leary & J. Tangney (Eds.). *Handbook of self and identity*. New York: Guilford Press, 68–90.

King, L. A., & Miner, K. N. (2000) Writing about the perceived benefits of traumatic events: Implications for physical health. *Personality and Social Psychology Bulletin 26*, 220–230.

Loftus, E. F., Milo, E. M., & Paddock, J. R. (1995) The accidental executioner: Why psychotherapy must be informed by science. *Counseling Psychologist 23*, 300–309.

Marsh, E. J., & Tversky, B. (2004) Spinning the stories of our lives. *Applied Cognitive Psychology 18*, 491–503.

Matt, R. (2001) *Genome*(게놈, 하영미 · 전성수 · 이동희 옮김). 서울: 김영사, 149–164.

Richard, D. (2010) *The Selfish Gene*(이기적 유전자, 홍영남 · 이상임 옮김). 서울: 을유문화사.

Roth, S., & Newman, L. (1991) The process of coping with sexual trauma. *Journal of Traumatic Stress 4*. Rothbaum, 279–297.

Schmidt, R. S. (2004) Autobiographical memories for the September 11th attacks: Reconstructive errors and emotional impairment of memory. *Memory and Cognition 32*, 443–454.

Tversky, B., & Marsh, E. J. (2000) Biased Retelling of events yield biased memories. *Cognitive Psychology 40*(1), 1–38.

White, M., & Epston, D. (1990) *Narrative Means to Therapeutic Ends 2*. New York: W.W. Norton, 38–76.

| 찾아보기 |

| 저자 소개 |

송채수_chaisoosong@naver.com

학적사항

- 1982. 3.~1985. 2. 충암고등학교(서울)
- 1985. 3.~1992. 2. 고려대학교 문과대학(문학사)
- 2011. 3.~2013. 2. 가천대학교 교육대학원(교육학 석사)
- 2017. 9.~2020. 2. 차의과학대학교 일반대학원 의학과(임상 · 상담심리학 박사)

경력사항

- 1992. 3.~1995. 4. 스포츠조선 편집국(취재기자)
- 1995. 5.~1997. 9. 경향신문 편집국(취재기자)
- 1997. 9.~2002. 8. 경인방송(OBS) 보도국(메인 앵커, 정치부기자)
- 2002. 9.~2004.10. 스포츠조선 DMB방송 준비팀(실무팀장)
- 2004.11.~2010.12. 경원대학교(가천대 전신) 홍보실장
- 2011. 1.~2020. 4. 가천대학교(성남 · 인천 4개교 통합) 건설(시설)본부장/총무부처장
- 2013.~2016. 성남시 결혼이주여성 검정고시 주말반 강사
- 2014.~현재 성남시 외국인주민복지지원센터 운영위원 및 운영위원회 부위원장
- 2020. 5.~현재 가천대학교 인권센터 센터장

수상경력

- 2002. 3. 경인방송(OBS) 사장 표창(앵커요원 뉴스보도 공로)
- 2007.12. 세계물리학회 물리경연대회 IYPT 한국(경원대학교) 개최 홍보 공로
- 2009. 9. 경원대학교 총장 특별상(홍보 공로)
- 2012. 5. 가천대학교 이사장 표창(모범사원)
- 2013. 2. 가천대학교 이사장 표창(석사과정 전체 수석졸업)
- 2016.12. 성남시장 표창(다문화 복지증진 공로)
- 2020. 3. 성남시장 표창(외국인 및 다문화 소통)

국내 등재지 논문게재

- 2019.12. "결혼이주여성의 부정적인 한국경험을 긍정적으로 바꾸어 말하기(retelling)에 의한 감정기억의 변화: 분노 감정을 중심으로"(박사학위 논문)
- 2018.12. "이중언어사회화가 다문화가정 아동청소년의 자기존중감에 미치는 영향: 동남아출신 결혼이주여성과 한국인 아버지의 자녀를 중심으로", 아시아문화연구
- 2018.12. "고통감내력, 충동성이 알코올 사용장애에 미치는 영향: 미래결과고려성향의 조절효과", 알코올과 건강행동
- 2018.11. 대학생의 성별, 학년별 음주문화와 태도에 관한 연구", 한국컴퓨터정보학회논문지
- 2018.11. "중장년근로자의 직무열의에 과소직무, 직무자율성, 나이차별인식의 상호작용 효과", 인적자원관리연구학회 논문지

AI의 함정과 이기적인 뇌

2021년 6월 10일 1판 1쇄 인쇄
2021년 6월 15일 1판 1쇄 발행

저 자 | 송채수
발행인 | 이수영
발행처 | 도서출판 청람
서울시 마포구 독막로 288(대흥동, 세양상가 109호)
전 화 | 02)3272-2601(대)~2
팩 스 | 02)3272~2603
이메일 | crbooks@daum.net
홈페이지 | http://www.crbooks.co.kr
등 록 | 2000년 8월 26일 제6-0509호

ISBN 978-89-5972-819-0 93320 [정가 13,000원]